LAONIANREN WANGLUO ANQUAN
　　　GOUWU ZHINAN

老年人网络安全购物指南

杨礼芳　王煦惠　曾鸣　编著

·广州·

版权所有　翻印必究

图书在版编目（CIP）数据

老年人网络安全购物指南／杨礼芳，王煦惠，曾鸣编著． －－广州：中山大学出版社，2024.12． －－ISBN 978－7－306－08324－1

Ⅰ．F713.365.2－62

中国国家版本馆 CIP 数据核字第 2024KS6019 号

出 版 人：王天琪
策划编辑：陈文杰　谢贞静
责任编辑：高　莹
封面设计：曾　斌
责任校对：周擎晴
责任技编：靳晓虹
出版发行：中山大学出版社
电　　话：编辑部 020－84111946，84113349，84111997，84110779，84110776
发行部 020－84111998，84111981，84111160
地　　址：广州市新港西路 135 号
邮　　编：510275　　　　　传　真：020－84036565
网　　址：http://www.zsup.com.cn　　E-mail：zdcbs@mail.sysu.edu.cn
印 刷 者：广东虎彩云印刷有限公司
规　　格：787mm×1092mm　1/16　16.75 印张　275 千字
版次印次：2024 年 12 月第 1 版　2025 年 2 月第 2 次印刷
定　　价：58.00 元

如发现本书因印装质量影响阅读，请与出版社发行部联系调换

序

第七次全国人口普查结果显示：60岁及以上人口2.64亿，占18.7%；65岁及以上人口为1.91亿人，占13.50%。其中，广东省60岁及以上人口1556万，占12.35%；65岁及以上人口1081万，占8.58%。《国家人口发展规划（2016—2030年）》提出，预计到2030年全国老龄人口占比将达25%，其中80岁及以上高龄老年人口总量不断增加。我国老龄化程度正逐年加深，人口老龄化已经成为影响经济社会发展的重大问题。

党和国家高度重视积极应对人口老龄化工作，将其视为构建新发展格局和推动高质量发展的必然选择。《国家积极应对人口老龄化中长期规划》明确将老龄工作作为顺利建成社会主义现代化强国和实现中华民族伟大复兴中国梦的重要途径。党的十九届五中全会正式将积极应对人口老龄化上升为国家战略。《关于加强新时代老龄工作的意见》则进一步指出，有效应对我国人口老龄化，对于全面建设社会主义现代化国家具有重要意义。

人口老龄化是贯穿我国21世纪的基本国情，积极应对人口老龄化成为国家长期战略任务，我国老龄事业进入黄金发展时期。老龄事业领域丰富，任务繁多，涉及"老有所养、老有所医、老有所为、老有所学、老有所乐"的目标实现，事关老年人"获得感、幸福感、安全感"的满足与提升。当前，我国老龄化社会发展正面临着紧迫而复杂的新形势、新趋势：整体人口老龄化进程加快，部分区域开始出现深度老龄化，新时代特征老年人口不断增长等。为了应对新形势、新趋势所带来的新挑战、新问题，老龄事业被赋予新使命、新功能。为此，我国老龄事业必然要紧跟时代变化，聚焦老年人"急难愁盼"问题，创新体制机制，优化服务供给，培育新产业、新业态、新模式,大力开展适需适用的老龄工作,积极探索一条中国特色积极应对人口老龄化道路。

老年教育作为一种新兴的社会公共服务领域和教育活动类型,是积极应对人口老龄化的重要手段,是现代养老服务体系建设的重要内容。老年教育通过实施各种"育人"活动,提升老年人的综合素质,培养有追求、有担当、有作为、有进步、有快乐的新时代老年人,推动和支持老年群体继续成为维系经济社会可持续发展的"社会资源""社会财富",从而有力地服务解决诸如劳动力人口减少、社会保障成本增大、社会治理压力加大等复杂的人口老龄化问题。实践证明,"养教结合""学养结合"与"医养结合"等都是践行"积极老龄观、健康老龄化理念"的重要举措。科普教育是老年教育的重要内容,服务于老年人科学文化素质的提升。特别是关于健康养生、食品安全、识骗防骗、智能技术等方面的科普教育,可以帮助老年人更好地享受到现代社会所带来的有品质美好生活。

广东开放大学(广东理工职业学院)长期致力于发展老年教育,也积累了丰富的老年科普教育经验。学校倡导以全纳教育理念开展"健康、快乐、时尚"老年教育,实现"学养结合、以课养心",培养"健康老人、快乐老人、时尚老人"。根据老年人需求和特点,形成"融合·混合·适合"的老年教育开放式课程开发和应用模式,邀请顶级名家名师,开发设计粤剧、旗袍、中医养生、中老年人健康知识、智能技术应用、旅游摄影等特色课程。学校与中山大学、中山大学孙逸仙医院等共同开发的"基于互联网+的社区居家养老监护云服务平台",成功研制"李秘书"智能终端盒子,开展老年教育、健康评估、养生知识等贴心服务。学校与全国知名高校、金融机构、医院、行业协会等合作,开展老年思政教育、老年金融消费、老年养生、自救互救、戏曲文化、海洋知识等优质特色资源进社区。学校成功获批省级重点学科"老年学"学科和省级重点专业群"智慧健康养老服务与管理专业群",在此基础上又成功申报了普通高校人文社科重点研究基地"粤港澳大湾区老年教育研究基地"、省社会科学研究基地"粤港澳大湾区智慧健康养老研究中心"和"粤港澳大湾区智慧健康养老人才培养产教融合实训基地"(国家发改委立项的"国家教育强国建设项目"),建设涵盖养老服务人才培养、老年教育研究实践、养老服务产教融合为一体的国家级智慧健康养老示范基地,同时,还立项了2个省级科普基地"广东数字化老年科普教育基地""广东康养文化科普基地"。

  为了进一步提升学校老年教育办学水平,高起点服务积极应对人口老龄化国家战略,广东开放大学(广东理工职业学院)与中山大学出版社、广东高等教育出版社等达成合作,共同出版老年科普系列丛书。希望本丛书的出版能够有助于推动全省老年科普教育在新时代背景下的高质量发展,并在全国形成一定的影响力。

2022 年 5 月 8 日

目录 CONTENTS

一、网络购物常用术语释义 ……………………………… 1

(一) 链接 ………………………………………………… 1

(二) 小程序 ……………………………………………… 1

(三) App ………………………………………………… 1

(四) 搜索栏 ……………………………………………… 1

(五) 历史搜索 …………………………………………… 2

(六) 搜索结果页 ………………………………………… 2

(七) 点击 ………………………………………………… 2

(八) 扫码 ………………………………………………… 2

(九) 识图 ………………………………………………… 2

(十) 包邮 ………………………………………………… 3

(十一) 好评返现 ………………………………………… 3

(十二) 收藏夹 …………………………………………… 3

(十三) 购物车 …………………………………………… 3

(十四) 百亿补贴 ………………………………………… 3

(十五) 评价 ……………………………………………… 4

(十六) 买家秀 …………………………………………… 4

(十七) 问大家 …………………………………………… 4

(十八) 详情页 …………………………………………… 4

（十九）直播	5
（二十）优惠券	5
（二十一）满减	5
（二十二）凑单	6
（二十三）下单	6
（二十四）付款	6
（二十五）到手价	6
（二十六）分享	6
（二十七）支付宝	7
（二十八）微信支付	7
（二十九）运费险	7
（三十）入会	7
（三十一）新品限时礼金	8
（三十二）分享抢券	8
（三十三）店铺首单礼金	10
（三十四）88 VIP	10
（三十五）极速退款	10
（三十六）7 天无理由退换	11
（三十七）上门取退	11
（三十八）淘宝小二	13
（三十九）售前客服	13
（四十）售后客服	14
（四十一）京东自营	14
（四十二）京东 PLUS 会员	14
（四十三）淘金币	14
（四十四）京豆	15
（四十五）买贵必赔	15
（四十六）先用后付	15
（四十七）预售	15
（四十八）双十一大促/618 大促	16

二、常用购物 App 17

(一) 淘宝 17
(二) 京东 18
(三) 拼多多 19
(四) 抖音 20

三、淘宝购物指南 22

(一) 搜索商品 24
1. 文字搜索 25
2. 扫码搜索 28
3. 图片搜索 30

(二) 联系店铺客服 32

(三) 下单与付款 38

(四) 领取和使用各种优惠 46
1. 优惠券 46
2. 满减 50
3. 分享有礼 50
4. 购物金 53
5. 预售 57
6. 通过一淘领取隐藏优惠券 57
7. 领取淘金币 60
8. 淘宝省钱卡 64

(五) 退换货 66
1. 七天无理由退货 66
2. 其他退换货 70
3. 仅退款 75

(六) 确认收货和评价 77
1. 确认收货 77
2. 评价 79

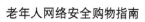

  （七）联系官方客服 ……………………………………… 81
    1. 88VIP 会员联系官方客服 ……………………… 82
    2. 普通会员联系官方客服 …………………………… 87
  （八）注册店铺会员 ……………………………………… 92
  （九）88VIP ……………………………………………… 95
    1. 生活卡 ……………………………………………… 96
    2. 购物卡 ……………………………………………… 96
    3. 全能卡 ……………………………………………… 97
    4. 三种卡的权益对比 ………………………………… 98
    5. 开通步骤 …………………………………………… 99
  （十）管理收货地址 ……………………………………… 99
  （十一）查看物流信息 ………………………………… 104

四、拼多多购物指南 …………………………………… 106

  （一）拼多多特色 ………………………………………… 106
    1. 低价策略 …………………………………………… 106
    2. 社交电商模式 ……………………………………… 106
    3. 品类优势 …………………………………………… 106
    4. 营销成本较低 ……………………………………… 106
    5. 平台补贴 …………………………………………… 107
    6. 商品展示 …………………………………………… 107
    7. 创新功能 …………………………………………… 107
    8. 深耕农业领域 ……………………………………… 107
  （二）设置为长辈版 ……………………………………… 108
  （三）打开/关闭先用后付 ……………………………… 109
  （四）免拼设置 …………………………………………… 117
  （五）打开/关闭隐私号码保护 ………………………… 119
  （六）打开/关闭免密支付设置 ………………………… 124
  （七）查看物流信息 ……………………………………… 128
  （八）联系官方客服 ……………………………………… 131

  （九）退货 …………………………………………………… 136
    1. 退货退款 ………………………………………………… 137
    2. 仅退款（退款但不退回商品）………………………… 144
  （十）换货 …………………………………………………… 149
  （十一）多多买菜 …………………………………………… 154
    1. 进入多多买菜与选择自提点 ………………………… 155
    2. 搜索商品 ………………………………………………… 160
    3. 下单购买 ………………………………………………… 161
    4. 查看订单 ………………………………………………… 165
    5. 查看物流信息 …………………………………………… 170
    6. 退款 ……………………………………………………… 171

五、快递常见问题解决指南 …………………………………… 174

  （一）催件 …………………………………………………… 175
  （二）丢件 …………………………………………………… 180
  （三）包裹破损 ……………………………………………… 180
  （四）费用问题 ……………………………………………… 182
  （五）菜鸟驿站取件 ………………………………………… 183
  （六）查件 …………………………………………………… 186
  （七）隐私泄露 ……………………………………………… 191
  （八）虚假签收 ……………………………………………… 193
  （九）包裹误送 ……………………………………………… 193
  （十）投诉快递公司 ………………………………………… 194
  （十一）拒收 ………………………………………………… 199
  （十二）到付 ………………………………………………… 200

六、老年人网络诈骗防范指南 ………………………………… 201

  （一）诱导"投资养老"诈骗 ……………………………… 201
    1. 肖某俊、陈某集资诈骗案（"养老基地"诈骗）…… 201
    2. 蔡某集资诈骗案（"养老公寓"诈骗）……………… 202

3. 沈某平集资诈骗、顾某祥非法吸收公众存款案（"以房养老"诈骗） ……… 203
4. 股权投资、基金理财诈骗 ……… 204
5. 健康保险的理赔纠纷 ……… 204

（二）"代办养老保险"诈骗 ……… 205
（三）冒充国家工作人员办理"养老抚恤金"等诈骗 ……… 206
（四）养老机构预付费、会员卡诈骗 ……… 207
（五）推销老年产品诈骗 ……… 208
  1. 李某涛诈骗案 ……… 208
  2. 购买保健品连环诈骗 ……… 209
  3. 假借中医专家诊疗之名诈骗医药费 ……… 210
（六）鼓吹"收藏品"增值诈骗 ……… 211
  1. 徐某等人诈骗案 ……… 211
  2. 王某等"收藏品"电信网络诈骗 ……… 212
  3. "收藏品"溢价回购诈骗 ……… 213
  4. 利用抖音等平台销售"收藏品" ……… 213
  5. 销售虚假藏品连环诈骗 ……… 215
（七）利用"数字鸿沟"骗取钱财 ……… 216
  1. 代操作银行 App 诈骗 ……… 216
  2. "村推"团伙恶意注册手机号 ……… 216
  3. 非法利用老年人个人信息 ……… 217
  4. 金融机构未尽告知义务造成纠纷 ……… 218
（八）"中奖"信息诈骗 ……… 219
  1. 刮刮卡"中奖"诈骗 ……… 219
  2. 京东店庆"中奖"诈骗 ……… 219
（九）短信通知"清空积分"诈骗 ……… 220
（十）"黄昏恋"诈骗 ……… 222
（十一）"高薪兼职"诈骗 ……… 222
（十二）"发表作品"诈骗 ……… 223
（十三）冒充抖音客服诈骗 ……… 224

（十四）网购"盲盒"诈骗 ·················· 224

（十五）"水滴筹"诈骗 ··················· 228

（十六）微信好友诈骗 ···················· 229

（十七）直播间虚标价格诈骗 ·············· 232

（十八）冒充电商、物流客服诈骗 ·········· 234

（十九）直播间伪装名人诈骗 ·············· 236

（二十）高价包裹诈骗 ···················· 238

（二十一）低价旅游团诈骗 ················ 238

七、安装国家反诈中心 App ················ 240

一、网络购物常用术语释义

（一）链接

链接一般是以文本、图片或多媒体的形式存在，通过点击链接，可以跳转到购物或者领取优惠券的页面。

（二）小程序

小程序一般指微信小程序，打开购物类微信小程序就好像进入某家店面，可以在里面进行购物。微信小程序附属于微信，通常在手机桌面上没有独立图标，需要进入微信后才可以进入小程序。

（三）App

App 指独立的手机程序，在手机屏幕上有独立的图标，点击即可进入；根据作用的不同，常见的 App 有音乐 App（如网易云音乐、全民 K 歌）、视频 App（如优酷、爱奇艺、抖音、快手）、社交 App（如微信、QQ、微博）、购物 App（如淘宝、京东、拼多多）等。

（四）搜索栏

搜索栏指用于进行搜索的空白框，点击搜索栏输入关键字（即想要找的商品名称），按返回键即可出现所有符合关键字的搜索结果。比如想购买老花镜,则在购物平台的搜索栏中输入关键词"老花镜",即可看到该购物平台中所有在售的老花镜,再选择自己感兴趣的商品点击进入,即可看到商品详情页并决定是否进行购买。

(五)历史搜索

在最近一段时间内曾经搜索过的关键词都会列在历史搜索中,如需要再次搜索该关键词,则直接点击即可。历史搜索一般在点击搜索栏时自动出现。

(六)搜索结果页

搜索结果页指购物平台根据搜索关键词显示的结果列表,会列出符合所输关键字的所有商品的主图、价格和链接,点击即可进入商品详情页。

(七)点击

点击指用手指或鼠标点一下某张图片、某段文字或某个链接。

(八)扫码

二维码或条形码的"扫码"按键位置常见于搜索栏的旁边,点击即可调用手机的照相机;对二维码或者条形码进行扫描,打开对应的页面。

(九)识图

识图常和扫码功能在一起,点击"识图"按键将打开手机的照相机或者手机的相册,通过拍照或选择照片后返回即可获得与所拍物品类似的商品链接。

一、网络购物常用术语释义

（十）包邮

包邮指顾客购物时只需要支付商品本身的费用，不需要支付邮费，邮费由商家承担。要特别注意，并非所有商品都包邮，部分商品标价较低但需要顾客额外支付邮寄的运费。

（十一）好评返现

"好评返现"是商家的一种促销活动，指顾客收到商品后在购物平台上发表关于此商品的正面评价，即可获得商家发放的优惠券或者现金。好评返现的具体操作方法常见于商品包裹内的小纸片上。但是好评返现并不受购物平台的保护，存在很大的诈骗风险，最好不要参与。

（十二）收藏夹

在浏览商品时，可以将感兴趣但是现在还不想购买的商品加入收藏夹，留待以后购买。购物平台也会根据收藏夹中的商品推荐类似的商品给顾客。

（十三）购物车

在浏览商品时，可以将中意的商品加入购物车，待选购完毕后一起支付。在参加"满减"（比如"满300减30"）或者多件折扣（比如"3件8折"）的促销活动时，需要使用购物车进行统一结算。"加入购物车"在电商语境中常简称为"加购"。

（十四）百亿补贴

百亿补贴是淘宝、京东和拼多多的一种促销让利活动，"百亿补贴"

商品的价格通常会略低于其日常销售价格。

（十五）评价

在完成网上购物后，顾客可以以文字、图片或视频的形式对所购商品进行评价，这些评价是公开的，其他顾客可以看到，从而直接影响其他顾客是否选择该商品进行购买；对商家而言，商品评价十分重要，商家会竭力阻止"差评"的出现。

（十六）买家秀

"买家秀"指顾客在对商品进行评价时附带图片或视频展示该商品的实际状况和使用情况。由于买家秀为顾客自发上传，一般没有经过修饰，所以更能展现出该商品的真实状况。值得注意的是，由于"好评返现""刷单""刷好评"等行为的存在，并不是所有评价和买家秀都是真实可靠的，在购物时要提高辨别能力。

（十七）问大家

淘宝中有个模块叫"问大家"，在京东则叫"问答"，这项功能使得还没有购买商品的顾客可以提出对于商品的疑问，由购物平台随机选择已经购买过该商品的顾客进行回答。由于回答者为随机选择，商家无法控制该回答者的言论，所以"问大家"的回答比起评价和买家秀而言更加真实。

（十八）详情页

由于顾客线上购物时无法看到商品的实体，所以商家会制作详情页，通过文字、图片和表格等形式向顾客介绍该商品的外表、功能、材质等各项属性，网购的顾客将通过商品详情页来了解该商品并决定是否购买。当

一、网络购物常用术语释义

然，如果顾客在浏览完详情页后仍然对该商品或店铺提供的服务存在疑惑，可以咨询在线客服。

（十九）直播

由于详情页篇幅有限，对商品和服务的介绍可能不够全面和详尽，并且无法即时回复顾客的疑问，卖家会采用直播的方式展示商品。直播时主播一边展示或使用商品，一边对商品进行介绍，并且对顾客提出的问题进行即时的解答。同时，直播间也会提供一些专享折扣和福利来促使顾客下单购买。

（二十）优惠券

优惠券是电商平台最为常见的一种促销打折方式，常见的优惠券分为三种：第一种是平台公开发放的优惠券，如平台通用券、店铺促销券、运费券等，大家打开 App 进入店铺即可直接看到并领取，这种优惠券即使没有被顾客主动领取，在下单结算时也会自动使用；第二种是隐藏优惠券，是店铺为了促销冲量而设置的，这种券无法在店铺首页和详情页直接看到，只能通过特定的链接（一般由淘宝客①发出）或 App（比如一淘）领取，这种券适用的商品不多，券也是限时限量发放的；第三种是任务优惠券，顾客需要完成店铺设定的某项任务方可领取，比较常见的是完成收藏或加购后领券，分享商品给若干好友后领券。

（二十一）满减

"满减"指顾客消费金额达到商家或者平台活动规定的一定金额以后，就可以减去规定中相应的优惠部分。比如淘宝常见的"满 300 减 30"即购买订单总价超过 300 元，实际付款金额就可减 30 元。

---

① 淘宝客是一种按成交计费的推广模式，此处指通过互联网帮助淘宝卖家推广商品，并从中获得佣金的人。

（二十二）凑单

在进行满减活动时，顾客加入购物车的商品金额无法达到满减的条件，此时需要再选购商品凑齐指定的金额，即为"凑单"。

（二十三）下单

顾客选完商品后可以在购物车页面确认订单，订单被确认后，将自动统计所有运费、折扣和优惠，计算出顾客需要实际支付的价格。确认订单简称为"下单"。下单后也可以选择取消订单或者不支付订单，但是常见的电商平台在顾客确认订单后会自动弹出支付页面以促使顾客完成购买，如果确实不想购买，关闭支付页面即可。在同时下单多个商品时，若取消其中一个商品的订单，合并下单的其他商品订单也会被同时取消，一般预售商品会自动回到购物车，非预售商品则需要重新添加。

（二十四）付款

订单付款后商家将安排发货。在网上购物时，付款一般通过支付宝、微信支付或京东支付等第三方支付平台完成，将银行卡绑定在这些第三方支付平台，付款时将从银行卡内直接扣费。

（二十五）到手价

"到手价"一般指商品原价减去各种优惠后的价格，是顾客购买此商品实际需要支付的价格。在"大促"期间，预售商品的到手价包括顾客支付的定金和尾款两部分。

（二十六）分享

分享指顾客将自己感兴趣的商品链接转发给其他人。一般商家会设置某些优惠来鼓励顾客分享自己的产品。

（二十七）支付宝

支付宝是蚂蚁集团旗下的第三方支付平台，为用户提供电子支付/网上支付/安全支付/手机支付体验，以及转账收款/水、电、煤缴费/信用卡还款/"AA收款"等生活服务。顾客将银行卡绑定在支付宝上，即可通过支付宝完成线上支付。

（二十八）微信支付

微信支付是腾讯集团旗下的第三方支付平台，为用户提供在线支付服务。用户可以使用微信支付来购物、吃饭、旅游、就医、交水电费等。微信支付也需要绑定银行卡。

（二十九）运费险

运费险是一款补偿类的保险，当消费者在网上购物后不满意，想要退货时，如果该商品有运费险，那么消费者退回商品的运费就由保险公司来承担，但要注意，有些商品由于体积过大或过重，退货运费过高，超过运费险赔偿额度的部分仍然需要消费者自己承担。运费险的保障期限为：自卖家发货时起，至买家点击"确认收货"或交易平台自动"确认收货"时止，以时间发生较早者为准。

（三十）入会

"入会"是加入会员的简称，如果顾客对某个店铺的商品或服务感兴趣，可以加入该店铺的会员，加入会员后可以享受各种会员活动和福利，每次在店铺的购买金额也会记入会员积分，会员积分可以用于兑换物品或折扣。会员也意味着会收到该店铺每次新品上市和促销活动的推送广告。

会员制度能帮助商家更好地吸引、发展和维护自己的忠诚顾客。

（三十一）新品限时礼金

新品限时礼金是淘宝推出的一种促销活动，它是针对新上市的商品而推出的。在活动期间，消费者可以通过领取礼金的方式来享受优惠，礼金的金额和使用条件都是由商家自行设定的。消费者可以在购买商品时使用礼金，从而享受到更多的优惠。京东的新品首发、拼多多的新品团购也和淘宝的新品礼金有异曲同工的作用。

（三十二）分享抢券

顾客可以将商品的信息通过特有的链接分享给自己身边的亲朋好友，如果亲朋好友访问或下单的数量达到商家设置的要求，那么该顾客将获取优惠券，这张优惠券在付款时可以用于抵扣商品价格。具体步骤如下：

第一步，在商品标题下找到"分享抢券"的活动入口，点击即可进入。要注意的是，并不是所有商品都参与"分享抢券"，只有部分商品参与该活动。

第二步，查看活动要求（不同商品要求分享的好友人数以及优惠券的使用门槛和优惠金额都有区别），并点击下面的圆形图标选择要分享的渠道（见后操作步骤图，此处以分享给微信好友为例，点击微信图标）。

第三步，长按文字框选择复制自动生成淘宝链接，并点击下面"去微信粘贴给好友"的按钮，即可自动跳转到微信。

第四步，在微信中选择想要分享的好友或者微信群，进入聊天面板后，长按输入框，选择"粘贴"，将淘宝链接发送给对方，对方点击链接进入淘宝，即完成分享。

一、网络购物常用术语释义

第一步，点击进入分享抢券页

第二步，点击要分享的渠道

第三步，复制生成的链接

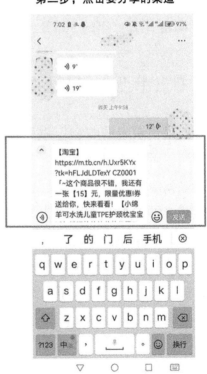

第四步，在微信聊天页面粘贴链接

（三十三）店铺首单礼金

淘宝首单礼金是专门针对天猫商城的品牌商品推出的一种优惠营销策略，是由天猫商城官方平台进行补贴，所以礼金是平台出的，并不是商家出的。首单礼金活动的规则也很严格，如果使用首单礼金的商品被取消订单或申请退款后再买，则不再享受首单礼金。

（三十四）88VIP

88VIP 是阿里巴巴会员体系中的一种等级，除可以享受 88VIP 特优价（天猫自营店和部分大店的商品享受使用完各种优惠后的实付款的 9.5 折优惠）之外，在日常的购物、支付、娱乐等方面拥有特权。淘宝的 88VIP 同时也可绑定为优酷、网易云音乐、高德打车、饿了么、淘票票、飞猪等会员，还可免费领取一定数量的退货运费券。淘气值在 1000 以上的顾客，88 元即可开通一年的 88VIP，但是淘气值低于 1000 的顾客则需要 888 元。

（三十五）极速退款

如果消费者的购物信用评级良好，将会被平台系统评为优质消费者，此类消费者申请退货退款会进入极速退款流程。在极速退款流程中，顾客填写退款申请，填写好退货包裹的快递单号，无须等待，即刻收到退款。根据综合评估和会员等级，淘宝会员将获得 300～1200 元不等的极速退款额度，后续还会对消费者的网购行为进行评估并适时调整。如果淘宝用户累积的退款金额在授信额度之内，那么淘宝买家就可以没有次数限制地享受极速退款服务。若申请退款金额超过用户所享受的额度，那么需要等待前笔退款订单过程全部完成之后，退款额度才会恢复并可继续使用。

（三十六）7天无理由退换

7天无理由退换货是由2014年修订的《中华人民共和国消费者权益保护法》确立的，包括不需要理由退货（后悔权）、非现场购物信息披露、网络交易平台提供者担责等三项制度，规定经营者采用网络、电视、电话、邮购等方式销售商品的，消费者有权自收到商品之日起七日内退货，且无须说明理由。7天无理由退换货减轻了消费者通过网络等虚拟渠道购物时由于看不到实物商品而购买了自己不想要或不合适的商品所造成的损失。

（三十七）上门取退

免费上门取退是指消费者在规定的条件下申请退换商品时，可以选择由商家安排的快递员直接上门取货退货，并且不需要支付任何费用。一般来说，上门取退服务与运费险服务是同时享受的。淘宝、天猫退货上门取件申请流程如下。

第一步，打开淘宝App，在"我的淘宝"内找到"我的订单"。

第二步，在"我的订单"内找到要退的商品并点击退换。

老年人网络安全购物指南

第三步，选择上门取件后，等待快递员联系上门取件。

第四步，快递员上门取件时，告知快递员寄件码（如果该商品有运费险就无须支付运费，如果无运费险则需要支付运费）。

一、网络购物常用术语释义

第五步，商家收件后，确认退货成功，购物金额将原路退回。

（三十八）淘宝小二

淘宝小二指淘宝平台的官方客服，他们与店铺客服不同，一般代表平台处理顾客对某店铺的投诉以及顾客和店铺之间的纠纷。打开手机淘宝，点击"我的淘宝"，然后点击"客服小蜜"即可找到淘宝小二。如果是88VIP会员，可享受24小时专享客服的服务。

（三十九）售前客服

售前客服是顾客购买商品前负责为顾客介绍和推荐商品和活动，解答顾客问题，促成顾客购买的客服。顾客在网店联系客服时，一般会由售前客服进行接待（有的时候是机器人自动回复，需要顾客输入"转人工"等文字后才会有人工客服进行接待）。

（四十）售后客服

售后客服主要帮助顾客解决购买后相关的商品和服务的问题，比如退换货、查询快递、处理有问题的商品等。顾客一般需要先联系售前客服，然后由售前客服转给处理特定问题的售后客服进行接待。

（四十一）京东自营

京东自营是由京东从商家手中进货，在京东自营店中进行产品售卖，商家对于产品的运营以及推广等信息都没有决策权。对商家而言，入驻京东自营不需要缴纳平台使用费和费率折扣点，但入驻自营店的难度非常高。对顾客而言，由于自营店铺的资质和产品质量由京东进行把关，所以购物相对安心。

（四十二）京东 PLUS 会员

与淘宝 88VIP 类似，京东为向核心客户提供更优质的购物体验，推出了京东 PLUS 会员，PLUS 会员权益包含购物回馈、自营免运费、退换无忧、专属客服、专享商品等网购特权。京东 PLUS 会员一般能以更优惠的 PLUS 价购买商品。开通京东 PLUS 会员的费用是 198 元，但由于京东各种促销活动，一般能以 99 元甚至更低的价格开通。

（四十三）淘金币

淘金币是淘宝网推出的一种虚拟货币，可以用来进行支付抵扣、礼品换购、抽奖等消费活动。淘金币不能兑换现实中的任何物品，只能在淘宝网站使用。拥有淘金币的用户可以用它来抵扣相应商品或活动的价格、换取礼品，也可以到淘宝网准许使用淘金币的商家，用淘金币来支付部分商品价格。

一、网络购物常用术语释义

（四十四）京豆

京豆是京东用户在参与京东购物、评价、晒单等相关活动中获取的奖励，仅可在京东网站使用，可直接用于支付京东网站订单（投资性金银、收藏品和部分虚拟产品等不支持京豆支付），在消费时，100 京豆可抵 1 元现金，京豆支付不得超过每笔订单结算金额的 50%。

（四十五）买贵必赔

"买贵必赔"服务指消费者在电商店铺内购买了带有"买贵必赔"服务标识的特定商品后，如发现 24 小时内该商品的实际成交价格高于其他平台上相同品牌、型号、颜色、存储容量等的同款商品的订单成交价格，在出示有效凭证的情况下，可以申请差额补偿的服务。

（四十六）先用后付

"先用后付"指顾客可以先以 0 元购买电商平台的商品，等确认收货之后再从该顾客指定的渠道扣取该商品的费用。淘宝和拼多多都提供了十分便捷的先用后付服务，顾客可在付款时自由选择是否使用该服务。

（四十七）预售

电商既可预售未上市产品，也可预售已上市销售的商品，预售按付款方式分为全款预售和定金预售。商家通过预售形式可以提前锁定用户，提前固定市场份额，明确销售和库存，避免风险；消费者通过预售提前下单，可享受定金翻倍、定金抵现、尾款立减、件数阶梯价格等优惠活动。

（四十八）双十一大促/618大促

每一年的11月11日和6月18日，各大电商平台都会开展大力度和大范围的优惠促销活动，最近几年，双十一和618大促活动提前至11月初和6月初即开始预热，活动期间商品价格一般会比平时更便宜。但由于大促期间购物的顾客很多，客户服务和物流服务相较平时会有所下降。

二、常用购物 App

在我国，最常见的线上购物 App 主要由淘宝、京东"二分天下"。随着立足于社交购物和 M2C 供应链的拼多多以及直播带货的抖音强势崛起，目前最受消费者青睐的电子商务线上购物平台为淘宝、京东、拼多多和抖音。同时，微信平台上的一些购物小程序以及专注于批发的 1688 和深耕小众市场的一些特殊的购物 App（如专注于二手书交易的孔夫子、专注于二手闲置物品交易的闲鱼等）也拥有自己的顾客。

（一）淘宝

由阿里巴巴集团在 2003 年创立的淘宝，是目前最大的网络零售平台。淘宝的业务模式主要包括 B2C（企业对个人业务）和 C2C（个人对个人业务），淘宝网店类型分为天猫店（淘宝官方邀请入驻的淘宝店铺类型）、淘宝个人 C 店（以个人身份注册认证的淘宝店铺类型）、淘宝企业 C 店（以企业资质注册认证的淘宝店铺类型）。其中，天猫店和淘宝企业 C 店属于 B2C 业务，淘宝个人 C 店属于 C2C 业务。淘宝依靠其推出的第三方支付工具"支付宝"，以"担保交易"模式，使消费者对淘宝网上的交易产生信任，并通过即时聊天工具使顾客可以享受到更方便快捷的服务。

目前，淘宝上的店铺大多数属于第三方店铺（天猫超市、天猫国际等阿里巴巴集团的自营项目除外），即淘宝网作为网络交易的开放平台，只为交易双方提供机会，并不实际参与买卖双方的交易中。淘宝所起的作用就相当于线下的交易所、大卖场，符合开店资质的卖家都可以申请在淘宝平台上开设店铺，陈列商品，商品的发布、库存管理、订单管理与发货物流皆由卖家自行处理。这也是淘宝网作为第三方的网络集市，与京东自营或各品牌自营的独立站点相比最大的区别。通俗一点讲，淘宝网相当于线下大型百货商场，各品牌商（卖家）可以在此商场中获得展柜，通过展柜向目标客户群体（一般是个人客户）出售商品；淘宝作为百货商场，并不拥有各品牌及所售产品的所有权，只是提供场所、客流量等基础设施。

在淘宝上开设店铺是免费的，淘宝的盈利主要来自两个方面：第一，基础软件服务费。每一单经过淘宝成交的订单都会产生0.6%的基础软件服务费（对于店铺主体为公益机构的商家，淘宝不收取基础软件服务费）。第二，站内付费推广的费用。卖家如果需要使用淘宝的"钻石展位""直通车"等引流工具，需要按照CPM（按展现收费）、CPC（按点击收费）的模式向淘宝交纳推广费用。比较特殊的是"淘宝客"，使用淘宝客的商家需要按CPS（按销售收费）的模式向帮助推广和销售自己商品的淘宝客而非淘宝平台支付费用，但是淘宝平台会在成交佣金的基础上加收10%技术服务费。

（二）京东

京东是自营式电商企业，主要业务是自营B2C商城，同时，作为自营业务的补充，京东也开放平台允许第三方卖家（称为京东POP店铺）入驻。

在商业模式上，京东采用的是价值链整合模式。该模式主要是以产品的流向管理作为核心，以现金流管理作为支持，以资金流管理整合资源，从而实现长期边际受益。通俗来说，京东自营商城就是交易中的卖家，直接面向广大顾客销售商品，京东拥有对所售商品的所有权，并负责该商品售前、售中及售后的一切事宜。虽然京东允许第三方卖家入驻，但是入驻门槛相较于淘宝更高，京东商城内只能是企业入驻，个体卖家只能入驻京东京喜店铺、优创店铺。

在盈利模式上，除去和淘宝类似的流量推广费用和服务费，京东作为自营电商平台，还可以通过进货价与售出价的差距赚取商品差价。

另外，与淘宝卖家依赖于"四通一达"（申通快递、圆通快递、中通

二、常用购物App

快递、极兔速递和韵达快递五家民营快递的合称）的第三方物流不同，京东拥有强大且完善的自建物流体系，完全自己建立仓储、物流配送系统，采取分布式库存管理，提前把各供应商产品汇集到各区域，订单产生后快速配送。自建物流模式花费高但用户体验好，这也是京东相对于其他零售电商平台而言的一个巨大竞争优势。

（三）拼多多

拼多多的官方描述为"新电商开创者，致力于将娱乐社交的元素融入电商运营中，通过'社交+电商'的模式，让更多的用户带着乐趣分享实惠，享受全新的共享式购物体验"。与老牌电商零售平台淘宝、京东重交易轻社交的模式不同，成立于2015年的拼多多以其独创的社交拼团为核心模式，主打百亿补贴、农货上行、产地好货等业务。拼多多以"好货不贵"为运营理念，为消费者提供大牌商品补贴折扣、原产地农产品、工厂产品和新品牌商品等。

作为C2M模式（用户直连制造模式）拼团购物的第三方社交电商平台，拼多多在供货逻辑上实现了工厂直接向消费者供货。大部分淘宝店由专业代运营淘宝的中间商开设，厂家面对中间商供货；而拼多多则致力于移除中间商，实现更简洁、高效率的供应链以降低商品价格。除此之外，拼多多以销售农产品起家，且开店流程简单，引流费用相对低廉，已成为线上农产品销售的主流渠道之一。2019年，拼多多平台农产品及农副产品订单总额达1364亿元，较2018年的653亿元同比增长109%，已成为中国最大的农产品上行平台。农（副）产品年活跃买家数达2.4亿，较上一年同期增长174%。

拼多多的另一特色为商品价格低廉，除了通过消除供应链的中间环节来降低成本，拼多多的流量分配原则可以说是"只要便宜就有流量"，即拼多多平台会将流量向价格便宜的商品倾斜。拼多多的推广位更多是"亏本活动位"。比如，一个原价9.9元包邮才能盈利的商品可以申请上"亏本活动位"，设置前1000单1元包邮，后1000单3元包邮，2000单之后恢复9.9元包邮，平台会给予该卖家一个资源位置展示1小时。该卖家在1小时内的销售量可能远远超过2000单，那么，2000单之后销售的所有盈利就可以弥补前2000单造成的亏损并带来收益。在这种逻辑下，拼多多获得了低价商品，实现了差异化竞争；而商家则免去了高额的引流费用，以低价活动获得了流量。

由于拼多多成立初期比较粗放地低价引流，早期拼多多的商品良莠不齐，不乏"黑心"商家借低价的噱头出售劣质产品，浑水摸鱼，这对拼多多的商业信誉造成了十分巨大的负面影响，在一段时间里，拼多多都被认为是粗制滥造的劣质产品和"山寨货"的聚集地。潜在顾客对拼多多上的商品质量的担忧成为拼多多发展壮大的路上不得不克服的一大障碍。为了在保证较低价格的竞争优势的同时提高商品质量，拼多多采取了积极引进知名品牌的官方旗舰店，对大牌正品进行"百亿补贴"，即使低价商品也提供退货包运费服务，且由顺丰快递上门取件，在中国人保财险公司为商品投保品质险，平台客服在处理有关质量问题的纠纷时偏向买家，积极处理商品质量较差的商家等措施。在这一系列的努力下，在拼多多上销售商品的质量显著提升，拼多多的口碑也逐渐好转，吸引了大批愿意为高质量付出高价格的高价值顾客。

（四）抖音

抖音在众多电子商务网上购物平台中，是老年人相对熟悉和使用较多的一个。抖音是直播带货的主流平台之一。直播带货是电商零售行业的一个新业态，指的是直播娱乐行业在通过抖音等短视频平台直播的同时销售商品。直播带货的大爆发起始于2020年，伴随着越来越多的平台、品牌和个人进入这个领域，直播带货成为电商的一个新"风口"。据商务部大数据监测显示，2020年一季度电商直播超过400万场；根据《2021年中国直播电商行业研究报告》，2020年中国直播电商市场规模达到9610亿元，同比增长121.5%。

在抖音直播带货需要注册抖音账号，但要注意的是，并不是拥有抖音账号就可以发短视频或者直播带货，在带货之前需要申请开通橱窗。开通橱窗的门槛很低，只要同时满足以下三条即可：①发布10条以上视频。

二、常用购物App

②粉丝数大于或等于1000。③进行实名认证。在申请开通橱窗成功后，可以根据自身实际情况进行商品推荐（注意，审核通过获得橱窗权限后需要在10天内完成添加10件商品至橱窗的新手任务，否则橱窗权限会被平台收回）。在没有自己货源的情况下，抖音播主可以下载淘宝联盟App注册成为淘宝客，在淘宝联盟选择合适的商品通过抖音进行推销，从而获取佣金。

相对于其他电商平台而言，在抖音进行带货主要有三点优点：①门槛较低，不需要过多的前期准备和投入。②作为日活跃用户量巨大的App，抖音的使用群体覆盖面广，且可以有效覆盖传统电商平台难以接触到的老年人群体，从而使商品接触到更加广大的消费者市场。③抖音带货可以通过有趣的视频内容进行内容营销，在视频中植入广告，以消费者喜闻乐见的方式进行销售，有效利用消费者的碎片时间，减轻消费者的抵触心理。

三、淘宝购物指南

淘宝 App 默认版本字体较小，不太适合年长的人使用，老年人在使用淘宝之前，可以将淘宝设置为"长辈大字"模式，具体步骤如下所示。

第一步，在淘宝首页右下角点击"我的淘宝"进入个人页面。

三、淘宝购物指南

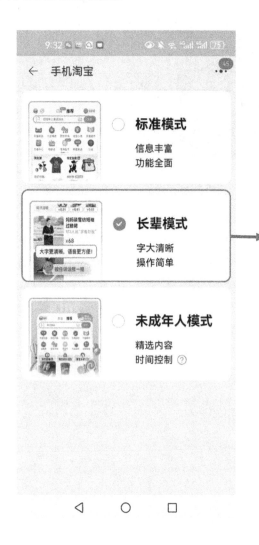

第四步，在模式切换页面选择"长辈模式"即可完成设置。长辈模式的淘宝App字体更大，页面内容相对标准模式较少，并且可以更方便地使用语音进行操作。

（一）搜索商品

在淘宝购物的第一步是在 App 中输入关键词以搜索想购买的商品，关键词一般是商品的名称（比如，钓鱼竿），也可以是带有品牌、商品性能或属性描述的商品名（比如，2.8 米碳素钓鱼竿）。除了输入文字进行搜索外，淘宝也支持扫码搜索和图片搜索。扫码搜索指顾客通过手机摄像头扫描某商品的条形码或二维码进行搜索，除此之外，顾客也可以将带有条形码或二维码的图片保存在相册中后再打开淘宝，淘宝可以自动读取该图片中的条形码或二维码。图片搜索则是顾客可以通过手机相机拍摄想要购买的商品来进行搜索，也可以将商品图片保存在相册中，在进行图片搜

三、淘宝购物指南

索时选中该图片,淘宝将显示与图片上物品一致或类似的商品。三种搜索商品的步骤如图所示。

1. 文字搜索

在搜索栏输入要搜索的商品名称,点击右侧的"搜索"键。

老年人网络安全购物指南

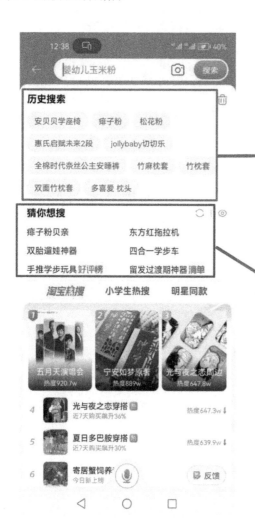

为了方便顾客的搜索，淘宝在顾客点击搜索框准备输入文字时会自动弹出"历史搜索"和"猜你想搜"。其中，"历史搜索"会展现之前输入过的搜索关键词，顾客可以通过直接点击这些关键词进入搜索结果页。点击右上角的垃圾桶标志可以删除之前的历史搜索记录。

"猜你想搜"是淘宝根据顾客之前的搜索历史记录以及顾客最近浏览过的页面等，大数据推测出的顾客可能感兴趣的商品。点击右上角的刷新标志可以更换一批"猜你想搜"的关键词。

三、淘宝购物指南

在顾客输入关键词时,淘宝会自动跳出根据该顾客的历史搜索记录以及客户画像数据生成的更详细的关键词(即长尾关键词)供顾客参考或选择。

老年人网络安全购物指南

2. 扫码搜索

点击扫码搜索标志可以打开扫码搜索的页面。

三、淘宝购物指南

将手机相机对准要扫的条形码或二维码，淘宝将自动跳转至扫码结果。

3. 图片搜索

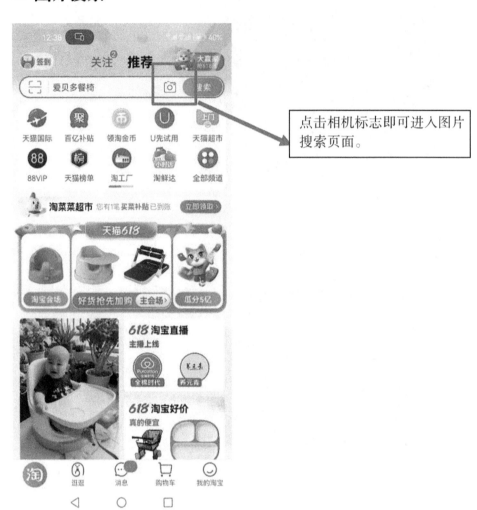

点击相机标志即可进入图片搜索页面。

三、淘宝购物指南

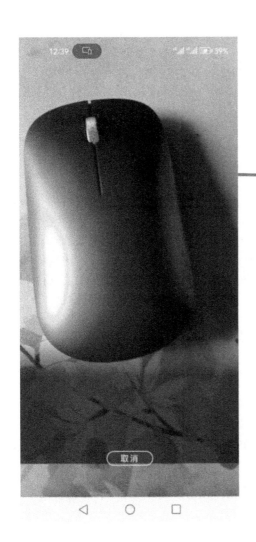

将手机摄像头对准想要搜索的物品拍摄。

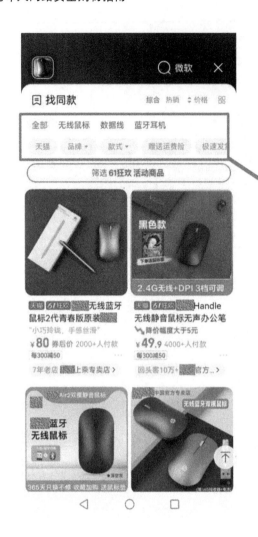

图片搜索的结果页会返回和照片上物品一致或类似的产品，顾客可以直接点击进入商品的详情页。顾客也可以在此处设置一些筛选条件后找到更匹配的商品。

（二）联系店铺客服

淘宝上的客服分为两大类，一类是店铺客服，店铺客服又根据工作内容的不同分为售前客服和售后客服，主要给顾客解答购买之前疑问的是售前客服，帮助顾客解决购买之后有关商品质量、快递、退换货、退款等问题的是售后客服；第二类是平台客服，一般被称为"淘宝小二"，或者"淘宝小蜜"，其职责是帮助顾客解决店铺客服无法解决的问题或受理和处理顾客不满意店铺服务时的投诉。这里主要介绍如何联系店铺客服。

联系店铺客服主要从商品详情页或"我的订单"中进入，已经联系过的店铺客服也可以在对话列表上直接找到。

三、淘宝购物指南

第一种方法，从商品详情页联系店铺客服。

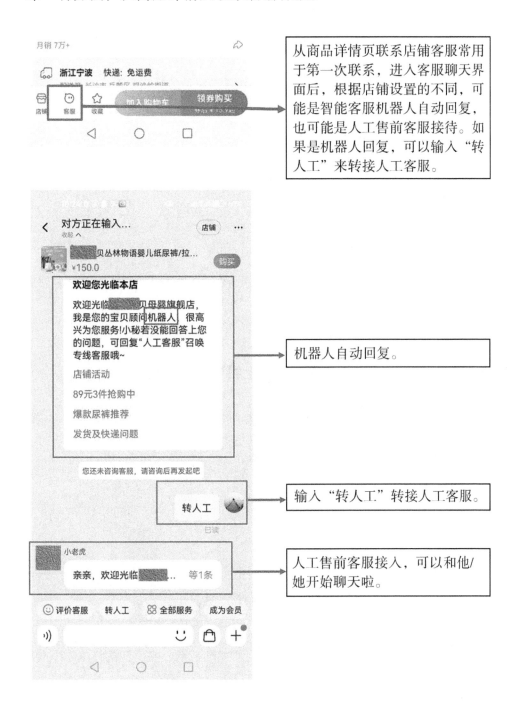

从商品详情页联系店铺客服常用于第一次联系，进入客服聊天界面后，根据店铺设置的不同，可能是智能客服机器人自动回复，也可能是人工售前客服接待。如果是机器人回复，可以输入"转人工"来转接人工客服。

机器人自动回复。

输入"转人工"转接人工客服。

人工售前客服接入，可以和他/她开始聊天啦。

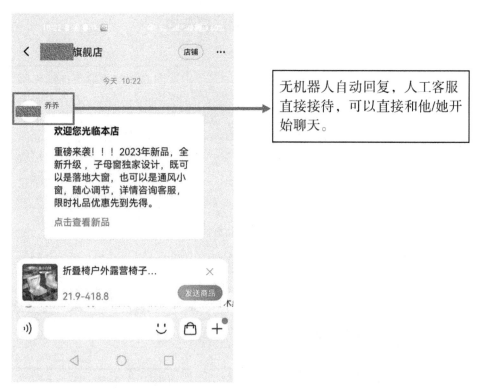

第二种方法，从"我的订单"上联系店铺客服。

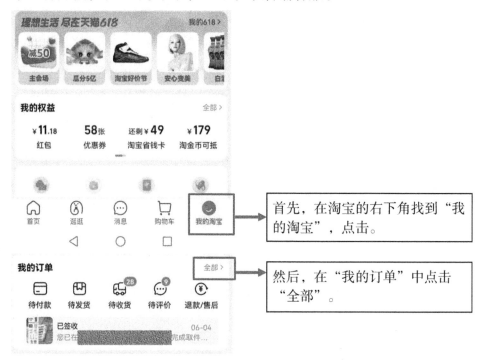

三、淘宝购物指南

找到要咨询的订单，点击进入订单页。

老年人网络安全购物指南

下拉订单页面，找到"联系卖家"的图标，点击即可进入店铺客服接待页面。

进入店铺客服接待页面后，点击"发送订单"，即可发起咨询。一般从"我的订单"联系客服的情况以售后咨询为多，所以需要发送想要咨询的订单，通常会由售后客服进行接待。

三、淘宝购物指南

客服接入，可以开始向他/她咨询问题了。

第三种方法，从对话列表联系店铺客服。

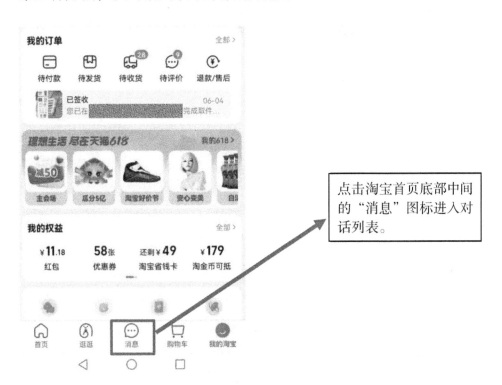

点击淘宝首页底部中间的"消息"图标进入对话列表。

老年人网络安全购物指南

找到之前联系过的店铺客服聊天记录，点击即可进入对话页面。注意，如果两次咨询客服的时间相差较久，即使通过消息列表进行联系，这次进行接待的客服也大概率不是之前那位客服。如果想要之前接待过的客服继续接待，可以向客服提出要求，要求转接给自己比较熟悉的客服进行接待。

（三）下单与付款

顾客在阅读完商品详情页之后，如果决定购买商品，进入下单和付款的流程，付款完成后即购买成功，商家即可准备商品，完成打包后发货。虽然目前大部分网络购物 App 都会将下单与购买流程捆绑在一起，减少中间流程，以提高订单支付率。但实际上，下单和购买是两个独立的流程，顾客可以选择下单后不支付，即只下单而不购买。在淘宝上，顾客既可以通过商品页面直接下单，也可以将心仪的商品先加入购物车，然后在购物车中进行下单。

三、淘宝购物指南

（1）直接下单与付款的操作流程如下图所示。

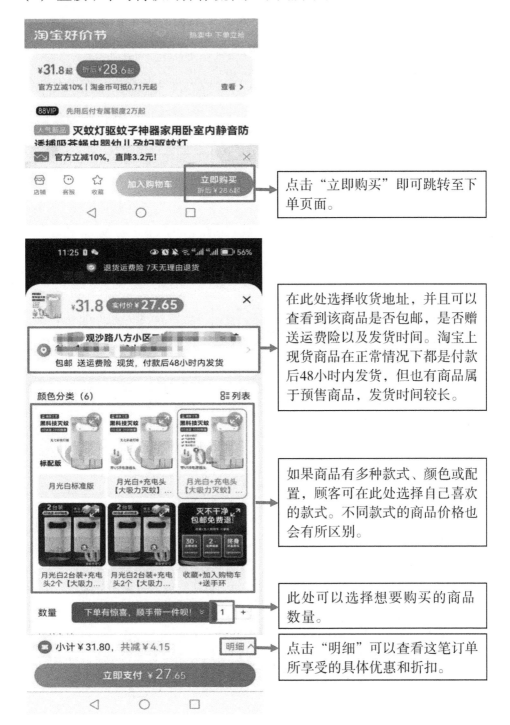

老年人网络安全购物指南

点击"明细"后可以看到该订单的价格构成和所享受的优惠与折扣。

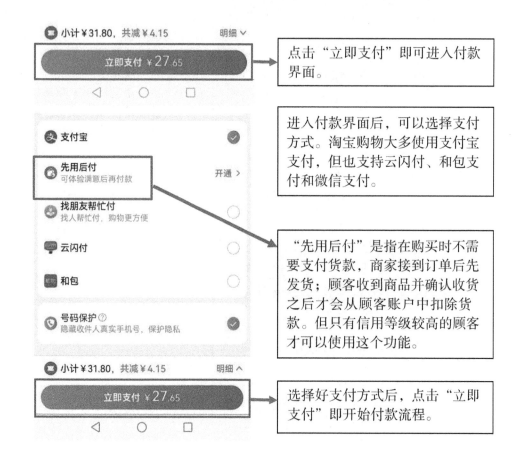

点击"立即支付"即可进入付款界面。

进入付款界面后,可以选择支付方式。淘宝购物大多使用支付宝支付,但也支持云闪付、和包支付和微信支付。

"先用后付"是指在购买时不需要支付货款,商家接到订单后先发货;顾客收到商品并确认收货之后才会从顾客账户中扣除货款。但只有信用等级较高的顾客才可以使用这个功能。

选择好支付方式后,点击"立即支付"即开始付款流程。

三、淘宝购物指南

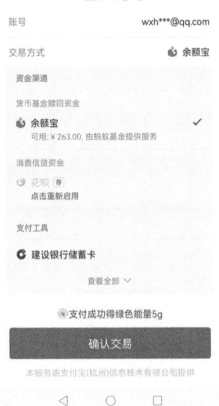

如果选择的支付方式是支付宝支付，则点击"立即支付"后进入支付宝的支付界面。在此处可以选择资金渠道，如余额、余额宝、花呗、绑定的银行卡等。选择好后点击"确认交易"，输入支付宝密码即完成付款。

（2）在购物车中下单与付款的操作流程如下图所示。

点击"加入购物车"。

老年人网络安全购物指南

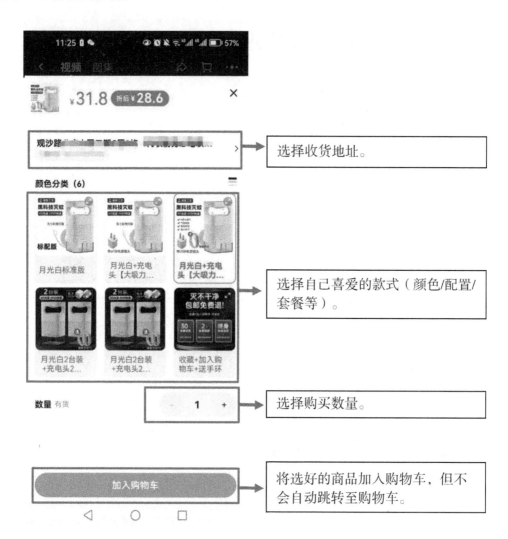

三、淘宝购物指南

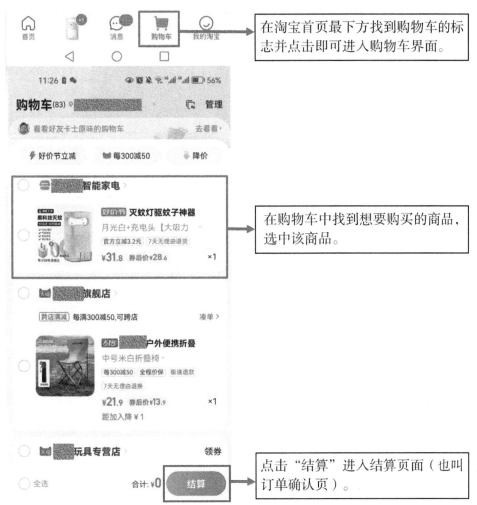

在淘宝首页最下方找到购物车的标志并点击即可进入购物车界面。

在购物车中找到想要购买的商品，选中该商品。

点击"结算"进入结算页面（也叫订单确认页）。

老年人网络安全购物指南

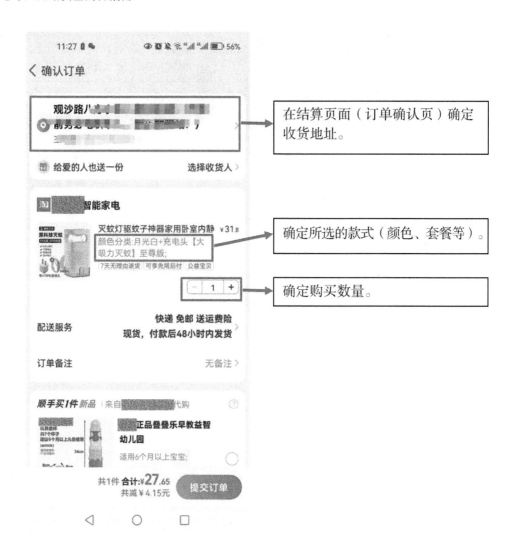

三、淘宝购物指南

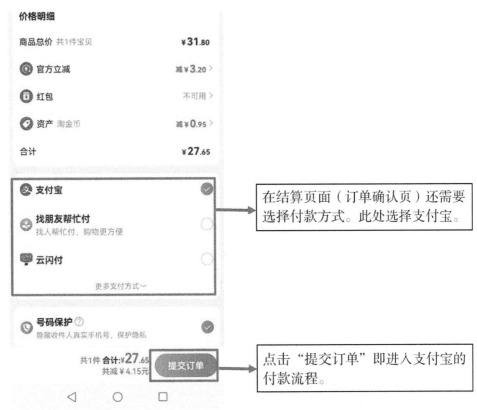

在提交订单后，如果未完成付款（比如没有输入支付宝的支付密码），该订单则会变成待付款订单，可以在"我的订单"中找到。

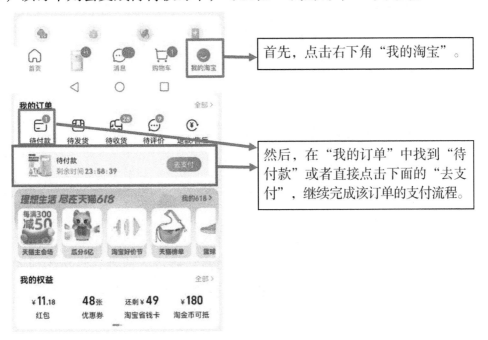

45

在"待付款"订单中找到未完成付款的订单,选择"继续付款",即可继续付款。
注意,待付款的订单一般会保留24小时,如果24小时后仍未完成付款,该订单则自动取消。

也可以点击"待付款"订单左下角的"更多"选择将该商品重新加入购物车或者直接取消订单。

(四)领取和使用各种优惠

1. 优惠券

从获取方式划分,优惠券分为公开优惠券和隐藏优惠券两大类。公开优惠券可以通过店铺主页或商品详情页直接领取,或者在订单生成时自动领取并使用;隐藏优惠券则需要参加某些店铺活动或通过其他渠道(比如淘宝客链接、一淘等促销App)领取。

三、淘宝购物指南

从使用规则划分,优惠券分为有门槛优惠券和无门槛优惠券两种。无门槛优惠券是购买任意价格的商品均可使用的;而绝大部分优惠券是有门槛优惠券,需要达到规定的购物金额才可以使用,比如满99减20优惠券,需要购物满99元后才可以使用。

从适用范围划分,优惠券大致可以分为跨店优惠券、全店优惠券和单品优惠券。跨店优惠券常见于"双十一"或"618"等大促时,购物平台(如天猫、京东)上几乎所有店铺都可以使用,只要在该购物平台参与活动的一家或多家店铺购物的总额达到门槛即可使用;全店优惠券则只可以在某店铺内使用,顾客在该店铺购买店内商品的金额达到门槛即可使用(有时商家会为全店优惠券设置适用商品,在此情况下,店铺中只有一部分商品可以使用);单品优惠券则是针对某一特定商品,只有购买该商品才可以使用。

常见优惠券如下表所示。

公开优惠券	¥5 满100使用 ¥10 满200使用 ¥25 满500使用 ¥50 满1000使用 ¥80 满1500使用

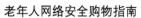 老年人网络安全购物指南

隐藏优惠券	
有门槛优惠券	
无门槛优惠券	
跨店优惠券	
全店优惠券	

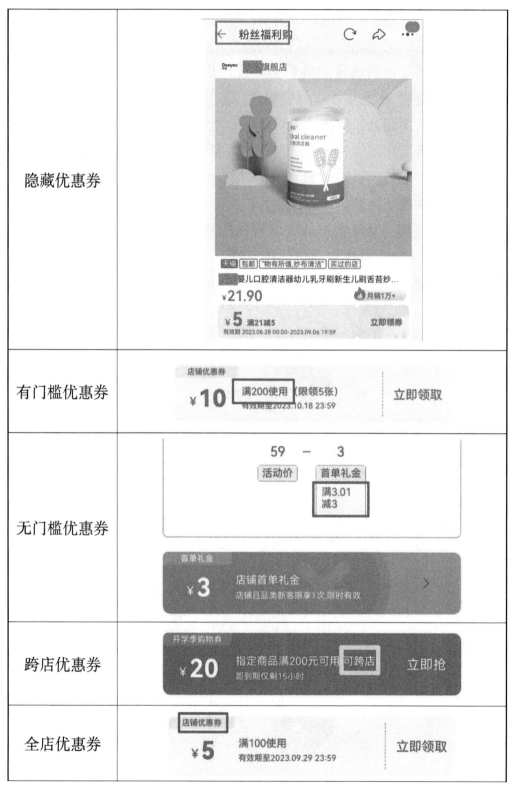

三、淘宝购物指南

单品优惠券	

常见优惠券的领取方式如下图所示。

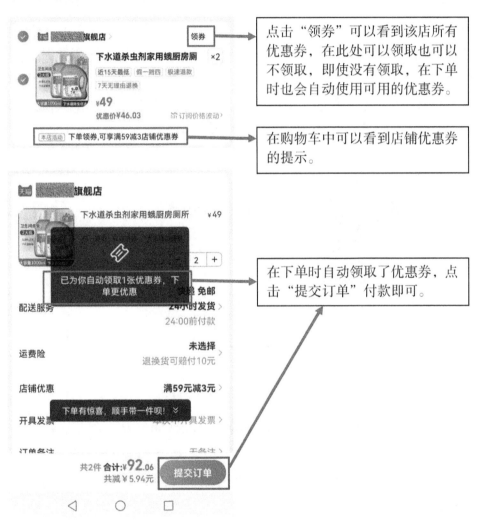

点击"领券"可以看到该店所有优惠券，在此处可以领取也可以不领取，即使没有领取，在下单时也会自动使用可用的优惠券。

在购物车中可以看到店铺优惠券的提示。

在下单时自动领取了优惠券，点击"提交订单"付款即可。

2. 满减

"满减"可以分为全店满减和跨店满减两大类。全店满减是指在某店铺内购买商品金额超过门槛即可获得优惠，比如某店设置满300减100，顾客在店内购物总金额（购物数量不限，可以是一件商品，也可以是多件商品）380元，结账时只需要付380 – 100 = 280元。跨店满减是网上购物平台进行大促时最常见的优惠手段，指在某购物平台的不同店铺购物总金额超过门槛即可获得优惠，比如天猫双十一最常见的满300减40，顾客在天猫店铺购物（可以在同一家店铺购物，也可以在多家店铺购物）总金额满300元，付款时立减40元，该优惠可以叠加，即满300减40，满600减80，以此类推，上不封顶。满减活动不需要顾客领取优惠券，而是在购物车提交订单时自动结算，如下图所示。

3. 分享有礼

为了鼓励顾客分享、推荐商品给自己的亲朋好友，部分店铺会为部分产品设置"分享有礼"活动，顾客可以将商品链接分享给自己的亲友，当有指定人数（一般2~5人）通过此链接进入商品详情页进行浏览，该顾客即可获得针对此商品的优惠券。

三、淘宝购物指南

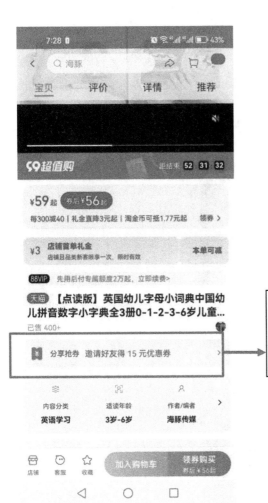

在商品详情页中,商品标题下如果有"分享抢券"这一按钮,点击对该商品进行分享,达到要求后即可获得优惠券。

老年人网络安全购物指南

如要求分享给3个好友才可领券，则分享给3个好友后可获得满99减15的专属优惠券，相当于打八五折。

可复制链接或保存图片后分享给微信或QQ上的好友。

也可直接分享给淘宝上的好友。

三、淘宝购物指南

4. 购物金

淘宝购物金的本质是一种电子储值卡，用户可以充值，并在特定店铺内使用以享受优惠（比如在充值时享受充 100 得 120 的优惠）。在充值购物金后，可在对应的店铺内中使用购物金抵扣订单中的全部或者一部分费用。购物金可以作为一种支付方式，与支付宝、花呗、余额宝等其他支付方式并行使用，用于直接抵扣用户订单在叠加了平台和店铺优惠之后的待支付金额。尽管购物金可以用于购买商品和服务，但它通常只限于在提供购物金的店铺内使用。如下图所示，支持购物金的店铺会在店铺首页和商品详情页展示充值的优惠力度。

购物金分为本金与权益金，顾客的实际支付金额为本金，其余为权益金。本金为顾客转入购物金的实际支付金额，本金支持退款；权益金为顾客在使用时可额外享受的店铺优惠额度，退款时不可退回。如果顾客的淘宝账户未绑定手机号码或者通过实名认证的支付宝账户，则无法转入、使用购物金。一般情况下，购物金不支持购买兑换卡、转入购物金，不支持抵扣邮费，并且仅支持无线手机端使用，不支持 PC 端使用。购物金支持过期自动退，其到期后未消耗的本金将自动退还至顾客的淘宝账户绑定的支付宝账户余额。顾客转入购物金时指定的店铺退出天猫/淘宝平台的，顾客未消耗的本金将自动退还至顾客的淘宝账户绑定的支付宝账户余额。

在淘宝上充值购物金的过程如下图所示。

老年人网络安全购物指南

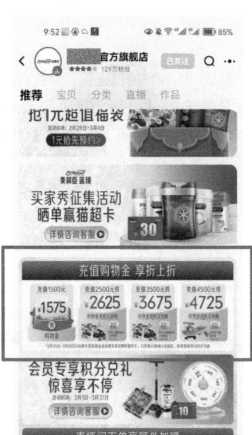

在店铺首页或者商品详情页点击"充值购物金"的链接进入充值页面。

三、淘宝购物指南

在购物金充值页面选择想要充值的金额，一般充值的金额越高，优惠力度越大，赠送的礼品也越多越好。

完成购物金的充值之后，购物金的查看步骤如下图所示。

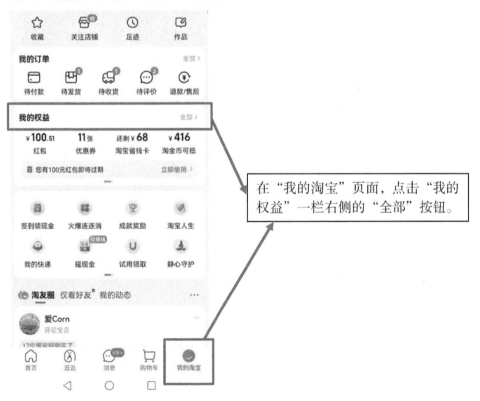

在"我的淘宝"页面，点击"我的权益"一栏右侧的"全部"按钮。

老年人网络安全购物指南

在"我的权益"页面可以看到"充值金"。

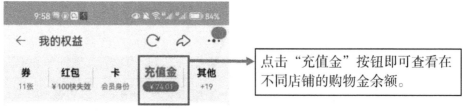

点击"充值金"按钮即可查看在不同店铺的购物金余额。

三、淘宝购物指南

5. 预售

在淘宝进行大促活动（比如 618 大促和双十一大促）时，部分商家会推出预售商品，消费者在预售期内支付预售商品的预定金，在大促活动当天支付尾款。预售商品的价格比平时售价会更低。

6. 通过一淘领取隐藏优惠券

有部分商家会发布一些特殊的隐藏优惠券，这些优惠券不能通过商品详情页等普通途径领取，只能通过俗称"淘宝客"的推广者（常见形式为羊毛群群主、网购优惠群群主、优惠券领取机器人或优惠券领取公众号等）领取；消费者在淘宝客处领取优惠券并使用优惠券完成交易后，淘宝客可以得到一定数量的佣金。除此之外，消费者也可以通过淘宝旗下的一淘 App 来领取隐藏优惠券。由于一淘与淘宝的账号和购物车、订单信息都是打通的，所以消费者可以很方便地在淘宝上先将心仪的商品加入购物车，然后再打开一淘 App。通过购物车中此件商品的链接进入商品详情页领取隐藏优惠券和返利（即给淘宝客的佣金）。使用一淘 App 领取和使用隐藏优惠券的步骤如下所示。

老年人网络安全购物指南

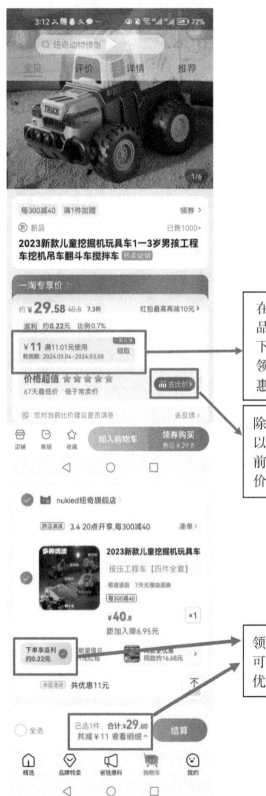

在一淘的购物车中找到要购买的商品，打开商品详情页，可以在价格下面找到一淘专享的优惠券，直接领取。但是有部分商品没有隐藏优惠券。

除了领取优惠券外，在一淘上还可以看到该商品的价格变化情况和当前使用优惠券后的价格与平时的售价相比是否划算。

领取优惠券后，进入一淘购物车，可以看到该商品的价格已经减去了优惠券的券额，且还可享受返利。

三、淘宝购物指南

　　在一淘购物后，大部分商品都会产生返利，在顾客确认收货后，返利的金额会暂存在一淘钱包内。一淘钱包内的金额可以累积，在某次购物时统一使用以抵扣货款，也可以直接提取到顾客淘宝账号绑定的支付宝上由顾客自由支配。一淘钱包如下图所示。

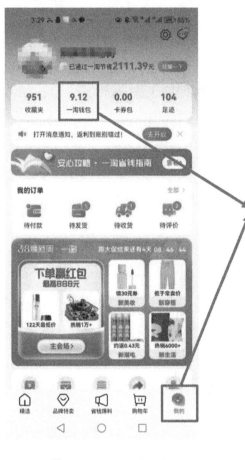

点击一淘右下角的"我的"进入个人页面，可以查看"一淘钱包"，返现金额都会暂存在一淘钱包内。

7. 领取淘金币

淘金币是淘宝/天猫平台针对消费者在平台上进行实物购买，或完成淘金币页面上各种互动营销活动，回馈消费者的虚拟权益和营销手段。用户可通过"淘宝 App 首页—领淘金币"，或"淘宝 App—我的淘宝—我的权益/淘金币"参与淘金币的领取。淘金币在购物时可以抵扣一定比例的实付金额，拥有淘金币的顾客在进行购物结算时可按照商家设定的抵扣比例自动进行抵扣。购物时使用淘金币的流程如下图所示。

领取淘金币的途径较多，主要可通过以下几个活动来领取。

（1）"淘金仔探索"玩法。"淘金仔探索"是淘金币频道为用户提供的一个探索玩法，用户在"淘金币"首页每日签到，会助力淘金仔推进探索的进度，进度达到100%到达目的地即可获得惊喜奖励。除此之外，用户还可获得惊喜奖励，包括淘金币或者兑换卡，惊喜奖励的淘金币数量随机，以页面显示为准。

（2）签到玩法。用户每天来访"淘金币"首页，可获得签到的淘金币奖励，每天仅可领取一次签到淘金币奖励。签到基础奖励为10个淘金币，连续签到天数越多，淘金币奖励越多，具体每日获得淘金币数，以页面展示为准。如用户在此过程中断签，则连续签到天数重新开始计算。用户可通过点击已连续签到的天数，进入"签到日历"，使用补签卡对断签的日期自主进行补签。补签后，用户可获得补签日期对应的签到淘金币奖励，同时，将重新计算用户的连签天数。

（3）好友互动玩法。用户可在"淘金币"首页，或通过"淘金币"首页的"收金币"入口，参与好友互动玩法。在参与淘金仔玩法过程中，用户的淘宝好友淘金仔会随机拜访，用户在"淘金币"首页看到淘宝好友的淘金仔时，可以选择对好友的淘金仔采用不同玩法的操作。用户可以直接或者通过好友的淘金仔，对淘宝好友进行助力，助力次数和淘金币数量以页面展示为准。用户也可以对淘宝好友的淘金仔进行雇用，雇用行为可产生金币收益。每位用户在同一时间仅可雇用一位淘宝好友的淘金仔，具体雇用时长及雇用金币数量以页面展示为准。用户的淘宝好友也有机会雇用用户的淘金仔，雇用期间如果用户上线，可以领回自己的淘金仔并抢回雇用金币，具体可抢回的金币数量以页面展示为准。当用户的淘金仔处于被雇用状态时，无法雇用淘宝好友的淘金仔。当用户的淘宝好友还未进行签到时，用户还有机会收集淘宝好友的淘金币。具体收取数量以页面展示为准。同一用户每日最多可收取10次。用户如果未进行签到，则在用户签到前，用户的淘宝好友也有机会收取用户的签到淘金币。用户每次最多被收取的淘金币个数不超过10个，每日最多被收取3次。

（4）赚金币任务玩法。用户可通过"淘金币"首页的"赚金币"入口，进入赚金币任务页参与玩法。用户自行选择感兴趣的任务，完成任务后，可获得相应的任务淘金币奖励。具体获得淘金币数量以页面展示为准。

（5）逛店铺玩法。用户可通过"淘金币"首页的"逛店铺"入口，

老年人网络安全购物指南

进入逛店铺页面参与玩法。用户自行选择感兴趣的店铺进行滑动浏览，按照页面提示，完成浏览任务，可获得相应淘金币奖励。具体获得淘金币数量以页面展示为准。

领取淘金币的步骤如下图所示。

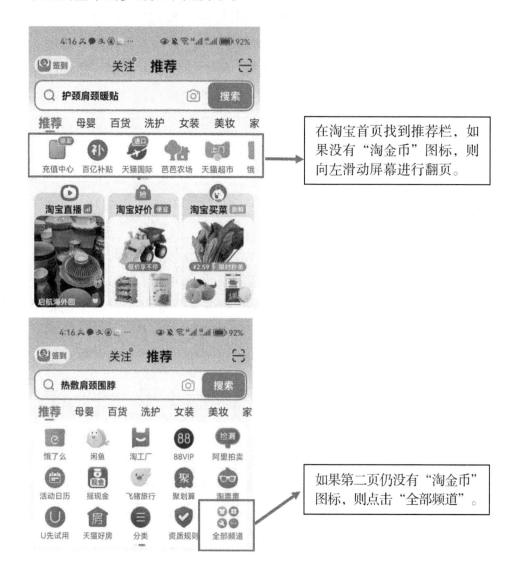

在淘宝首页找到推荐栏，如果没有"淘金币"图标，则向左滑动屏幕进行翻页。

如果第二页仍没有"淘金币"图标，则点击"全部频道"。

三、淘宝购物指南

点击"淘金币"图标进入淘金币页面。

老年人网络安全购物指南

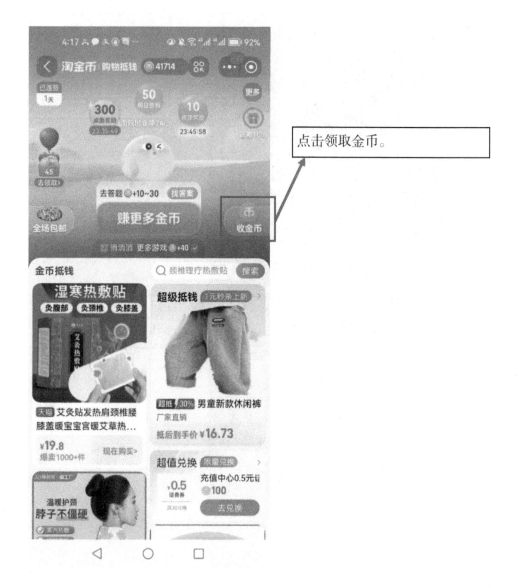

点击领取金币。

8. 淘宝省钱卡

淘宝省钱卡是淘宝推出的购物满减红包的一种活动。用户一旦开通淘宝省钱卡，自开通之日起 30 天有效，即可每周领取 6 张省钱卡红包。领取的省钱卡红包可以用于购买指定实物商品，只要实付款金额满足红包券面要求的金额即可使用。开通淘宝省钱卡的费用为每个月 7 元，默认自动续费，每次续费前淘宝会发信息通知客户，不想续期的顾客可以进入支付宝关闭淘宝省钱卡的自动续费服务。每位用户一天只能领取一张省钱卡，领取的省钱卡有效期为 24 小时，省钱卡一旦领取，即使没有使用，也不

三、淘宝购物指南

能退回，只能过期浪费掉。淘宝省钱卡仅限手机淘宝 App 下单时使用，且只有实物商品才可以使用。另外，商品实付款必须满足红包门槛要求才可使用，实付款是指商品价格抵扣完店铺优惠、品类券等所有优惠后的最终价格，且不包含运费。红包不可用于预售商品定金抵扣，可用于预售商品尾款抵扣。消费券和省钱卡红包都是有门槛红包，不能叠加使用。如果使用省钱卡红包的订单发生退款，红包可退面额以退款页信息为准。若在红包原有效期内退回，则红包限原有效期内使用，逾期失效；若在红包原有效期结束后 3 天内退回，红包在原有效期结束后 3 天内有效。

查看和使用淘宝省钱卡的页面如下图所示。

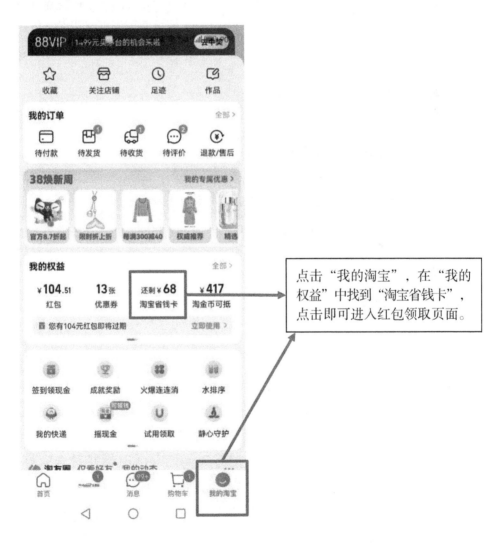

点击"我的淘宝"，在"我的权益"中找到"淘宝省钱卡"，点击即可进入红包领取页面。

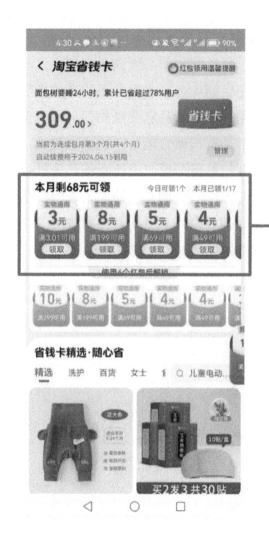

客户可以根据想购买的商品的实付款选择对应门槛的红包进行领取和抵扣。领取淘宝省钱卡红包后,在付款时会自动抵扣。多件商品可以合并付款,合并付款的总实付款满足门槛即可使用淘宝省钱卡红包。

(五) 退换货

1. 7天无理由退货

淘宝上大部分商品支持7天无理由退换货,所谓7天无理由退货是指买家在签收商品之日起7天内(7天期限自物流显示签收商品的次日零时开始起算,满168小时为7天),对支持7天无理由退货并符合完好标准的商品,无理由退货,顾客可选择"7天无理由退货",也可以选择"不想要了""不喜欢"等退货原因。发起7天无理由退货的商品应当具备商品收到时完整的外包装、配件、吊牌等;购买物品被洗过、人为破坏或拆

三、淘宝购物指南

卸标牌的不予退换;所有预定或订制特殊尺码的商品不予退换;成人用品等特殊物品一旦拆封或使用不得退换。在没有运费险的情况下,无质量问题的7天无理由退货由买家承担往返运费;如果该商品有运费险,则运费险可以赔付一部分,超过运费险的部分由买家承担。淘宝网要求支持7天无理由退货的商品,卖家单方或买卖双方约定不支持7天无理由退货的行为无效。不支持7天无理由退货的商品如下表所示。

分类	类型	商品举例
不支持"7天无理由退货"	买家定做的定制类商品	个性定制、设计服务
	鲜活易腐类商品	鲜花绿植、水产肉类、新鲜蔬果、宠物、巧克力、月饼、粽子、速冻冷鲜类食品等
	在线下载或者买家拆封的音像制品、计算机软件等数字化商品	网游、话费、数字阅读、网络服务、电子凭证
	交付的报纸、期刊	订阅的报纸、期刊
	服务类商品	本地服务、代购服务
	个人闲置类物品	—
	二手、竞拍商品	—
	人体用药	—

商家可自由选择是否支持7天无理由退货的商品(这一类商品有部分商家支持7天无理由退货,也有部分商家不支持。顾客在购买之前可以在商品详情页查看或咨询客服确定)如下表所示。

分类	类型	商品举例
卖家可选支持"7天无理由退货"	一经激活或者试用后价值贬损较大的商品、商用商品,或者短期内价值频繁波动的商品	智能商品、商用厨电、黄金等
	拆封后影响人身安全或者生命健康的商品,或者拆封后易导致品质发生改变的商品	保健品、内衣内裤等贴身用品、成人用品、酒水等

老年人网络安全购物指南

在淘宝上申请 7 天无理由退货的流程如下图所示。

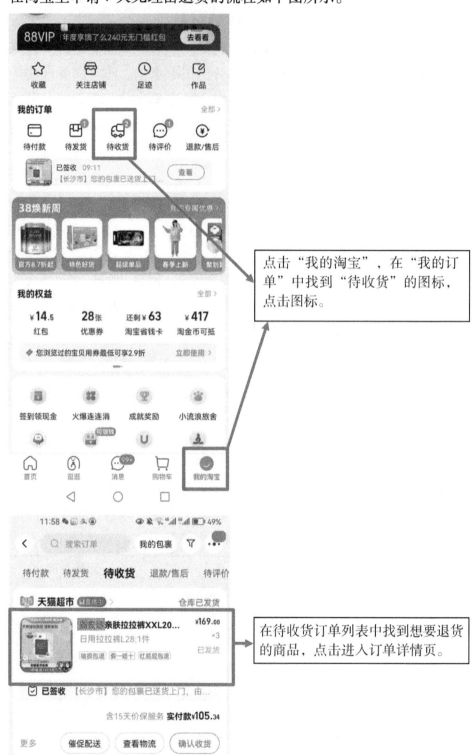

三、淘宝购物指南

老年人网络安全购物指南

> 退款原因选择"7天无理由退换货"即可。

2. 其他退换货

除了 7 天无理由退货外,顾客还可能因为收到的商品有质量问题、商家发错货或者包裹丢失等问题发起退货。如果是这些理由导致的退货,将由商家承担寄回包裹的运费。部分店铺会为顾客提供运费险,运费险可以抵扣部分退货运费,超过运费险赔付金额的退货运费一般由买家垫付,在卖家收到退货后退还多余的运费给顾客。

(1)商品质量问题。如果顾客在签收包裹前(或在菜鸟驿站取件,但此包裹还没有扫码出库)发现商品有质量问题,可以直接拒收该包裹,快递员将将包裹退还卖家;拒收包裹后顾客需要联系卖家的售后客服,提

三、淘宝购物指南

供商品有质量问题的证明照片和包裹照片、运单照片，告知卖家商品有质量问题已经拒收，要求卖家退款或者重新发货。

如果顾客在签收包裹之后（或者在菜鸟驿站已经扫码出库）才发现商品有质量问题，则可以联系卖家的售后客服说明情况，并提供商品、包裹、运单照片，要求赔偿、退货退款或者换货。在和售后客服协商好处理方式之前，不要破坏商品外包装，不要取下吊牌或标签，更不能清洗或使用。一般情况下，如果是细微的瑕疵，顾客自己可以修好或者不影响正常使用，客服将提供一定金额的优惠作为补偿，顾客可以选择接受补偿或者不接受补偿但要求退货退款或换货。如果顾客不接受补偿或者商品存在不易修复的较严重质量问题，影响了正常使用，顾客可以申请退货退款，商家同意后顾客寄回商品，商家收到后退回顾客所支付的金额（部分店铺支持极速退款，则顾客寄回的商品有退货的运单号后即可完成退款）。顾客也可以要求换货，顾客寄回有质量问题的商品，商家收到货后重新寄完好的商品给顾客。但是换货由于涉及较久的运输时间，有可能顾客购买的商品售罄，无货可换，这种情况下商家收到退回的商品后会退款给顾客。由于商品质量问题的退货申请流程和7天无理由退货一致，只是在选择退货原因时，可以根据具体的质量问题进行选择，部分店铺可能要求顾客选择"拍错/多拍/不喜欢"或者"与商家协商一致退款"作为退款原因，只要商家已经在聊天中承认商品有质量问题且承诺承担退换货的运费，则按店铺要求选择退款原因并不会导致不良后果。退款原因如下图所示。

老年人网络安全购物指南

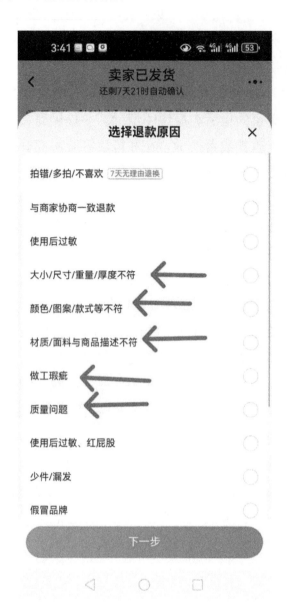

箭头所指都是商品有质量问题时可以选择的退款原因。

（2）发错货。由于商家发货量较大，有可能存在寄错包裹的情况。如果顾客收到包裹后发现与自己所购买的商品不一致，则可要求退货或者换货。与收到有质量问题的商品处理流程类似，如果包裹还没有被签收或者还没有在菜鸟驿站出库，可以拒收包裹并联系卖家要求换货，卖家在收到被顾客拒收后返回的包裹，会按照顾客订单信息重新寄出正确的商品。如果包裹已经被签收或者已经在菜鸟驿站出库，顾客则需要联系商家说明情况，并提供商品、包裹和运单的照片，商家核实后即可启动换货流程，换货流程如下所示。

三、淘宝购物指南

在要换货的商品的订单中选择"退换货",然后选择"换货"。

老年人网络安全购物指南

点击"换货原因"一栏的"请选择换货原因",在下面的窗口中选择想要换货的原因。如果卖家发错货,则按事实选择即可。

选择好退货原因后,点击"换新商品"一栏的"请选择需要的商品",在下面的窗口中选择需要的商品,最后点击"完成",提交换货申请即可。

三、淘宝购物指南

由于换货涉及较长时间，如果顾客觉得麻烦不想换货，也可以直接退掉，或者选择退货退款的同时重新买一件。

3. 仅退款

（1）包裹丢失。如果快递包裹在运输过程中丢失，顾客可以联系卖家客服要求仅退款或者补发。如果顾客发现包裹一直没有收到，且物流信息一直没有更新（一般超过 72 小时未更新），即可联系卖家售后客服反映，售后客服将联系快递公司对此包裹进行查找和核实（顾客也可以凭借运单号自行联系承运快递的客服查找该包裹），快递公司告知包裹丢失后，顾客则可要求卖家退款或补发。由于在此情况下，顾客并没有收到货物，所以不需要退货，只需要退款。仅退款的申请步骤如下所示。

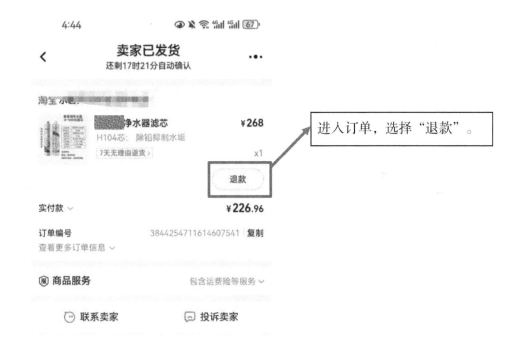

（2）卖家发货前申请退款。另一种可以申请仅退款的情况是在卖家发货之前，顾客不想要该商品，则可以直接申请仅退款，部分信誉较好的顾客还可以享受"极速退款"服务，申请后无需等待商家同意，货款会由平台直接退回。卖家发货之后，但包裹还在运输过程中，如果顾客申请

三、淘宝购物指南

仅退款，商家将联系快递公司对此包裹进行截回，如果截回失败则需要顾客拒收。无论哪一种情况，都需要等待商家收到此包裹后才会将货款退给顾客。

（3）商品严重损毁。如果收到的商品严重损毁，经证实是卖家或快递公司的责任，顾客和卖家沟通，也可以直接申请仅退款而不需要再把商品退回给卖家。

（六）确认收货和评价

1. 确认收货

顾客拿到网购的商品后，可以在检查商品完好后直接确认收货，也可以等待自动确认收货。淘宝的自动确认收货时间通常根据商品类型和物流方式的不同而有所差异，在7～30天之间。具体如下：

（1）虚拟商品。对于自动充值的商品，系统会在完成支付宝付款后立即自动确认收货。如果是自动发货的虚拟商品，自卖家标记为已发货状态起24小时后，系统会自动确认收货。其他类型的虚拟物品则是从卖家标记为已发货起3天后，系统自动确认收货。

（2）实物商品。如果购买时选择的物流方式为快递、EMS或不需要物流，自卖家标记为已发货状态起的10天后，系统会自动确认收货。如果选择的是平邮，那么自卖家已发货状态起的30天后，系统会自动确认收货。

（3）特殊情况。在某些情况下，如大促销活动期间，系统自动确认收货的时间可能会延长至15天。此外，如果买家点击了延迟收货，那么系统自动确认收货的时间会相应加上延迟的时间。

如果即将自动确认收货，而买家由于换货或者其他特殊原因并没有实际收到货物，买家可以延长确认收货时间（每笔订单仅可延长一次，一次性延长3天时间），操作如下所示。

老年人网络安全购物指南

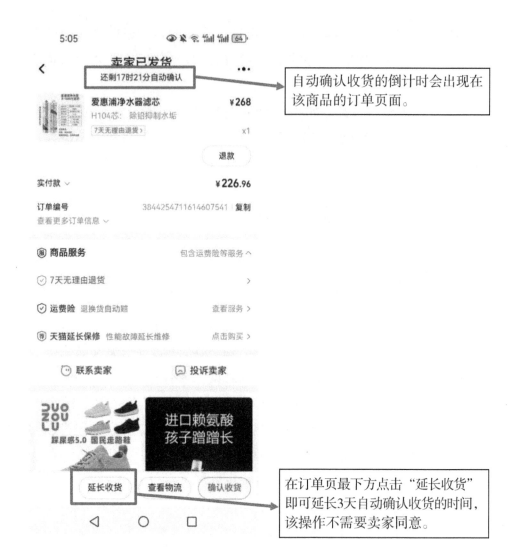

如果顾客收到货后对商品满意,也可以手动确认收货。操作如下所示。

在订单页最下方点击"确认收货"即可。

2. 评价

在确认收货后,顾客可以对商品及商家服务进行评价。淘宝店铺和天猫店铺的评价页面略有区别,下面分别进行介绍。

(1)淘宝店铺。淘宝店铺只需要给予"好评""中评"或"差评",顾客在给予评分的基础上还可以添加商品的照片或视频,也可以用文字对收到的商品或者交易过程进行描述。顾客可以选择是否进行匿名评价,匿名的评价仍然会展示在商品的评价页面,但是会隐藏评价者的淘宝昵称和头像。操作如下所示。

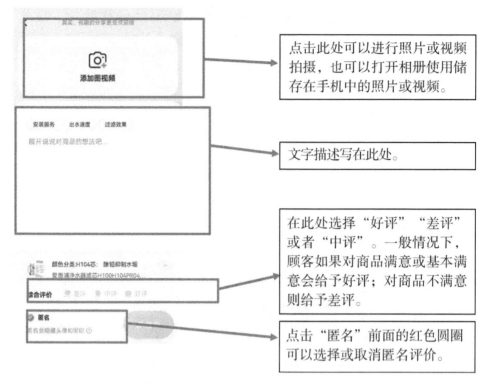

（2）天猫店铺。天猫店铺和淘宝店铺的评价方式基本一致，最大的区别在于淘宝店铺是给予"好评""差评"或"中评"，天猫店铺的评价体系（专业术语叫店铺动态评分或 DSR 评分）则分为三个维度，分别是描述相符、物流服务和服务态度，每个维度都有 5 颗星，顾客可以根据商品质量和购买体验对这三个维度分别打分，五星为最高分，被称为"五星好评"。这三个维度的分数互不影响，相互独立。其中，描述相符是指收到的商品是否和详情页中描述的一致；物流服务是指商品的包装和运输、派送过程是否令人满意；服务态度是指天猫店铺客服的服务态度是否热情友好，能否及时、高效地帮助顾客解决问题。对天猫店铺而言，DSR 评分十分重要，它的高低会直接影响店铺在搜索结果中的自然排名，并且会影响店铺能否有资格参加天猫官方的促销活动。除此之外，由于 DSR 评分面向所有顾客公开，后续有购买欲望的顾客可能会受过低的 DSR 评分影响而放弃购买，影响店铺后续的运营和销售。DSR 评分操作如下所示。

三、淘宝购物指南

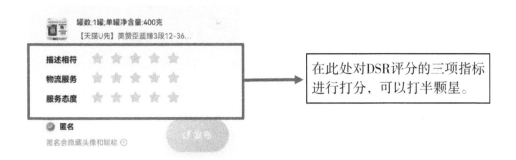

在此处对DSR评分的三项指标进行打分,可以打半颗星。

(七) 联系官方客服

淘宝平台的官方客服(又被称为"淘宝小二"或"淘宝小蜜")隶属于淘宝,与店铺没有雇用关系,他们的职责主要是帮助处理顾客和商家之间的纠纷,解决客户投诉。如果顾客在淘宝上购买到不满意的商品或服务,在联系店铺客服后无法解决售后问题,则可以联系淘宝官方客服进行处理或者投诉商家。由于淘宝为普通会员和88 VIP会员提供了不同的客服服务,所以这两类会员联系淘宝官方客服的步骤也有所不同。

老年人网络安全购物指南

1. 88VIP 会员联系官方客服

88VIP 会员联系官方客服操作如下所示。

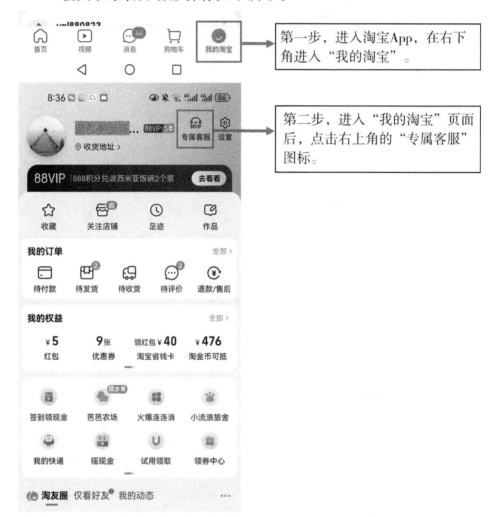

第一步，进入淘宝App，在右下角进入"我的淘宝"。

第二步，进入"我的淘宝"页面后，点击右上角的"专属客服"图标。

三、淘宝购物指南

第三步，进入官方客服页面后，88VIP会员可以选择三种联系方式：①点击右上角的电话图标，则可进入语音通话。但请注意，如果要与客服进行语音通话，必须先打开淘宝App的麦克风权限。

顾客与淘宝官方客服进行语音通话的界面如左图所示。

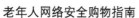

②点击"一键召唤"按钮，则会自动跳转至电话拨号页面。通过此方式可以和淘宝官方客服进行电话联系。

在电话拨号页面默认的手机号码是顾客此淘宝账号绑定的手机号，但是顾客可以点击"修改"输入新的、更方便联系的手机号码。确认好手机号码后，点击"确认召唤"即可与淘宝官方客服进行电话通话。

三、淘宝购物指南

③如果顾客希望以打字聊天的方式与人工客服取得联系，则可以点击最下面的"联系人工客服"按钮。

老年人网络安全购物指南

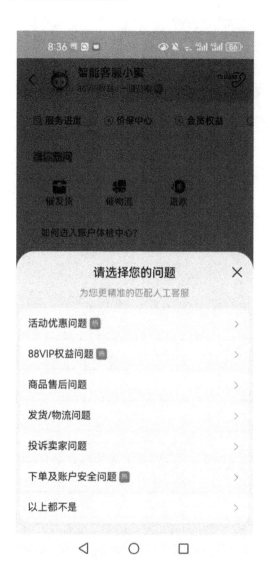

由于在线接待的人工客服分工不同，为了准确快速地匹配到解决专项问题的客服，淘宝会要求顾客根据自己的实际需求选择要咨询的问题。顾客选择好后，系统直接分配人工客服，进入对话界面。

三、淘宝购物指南

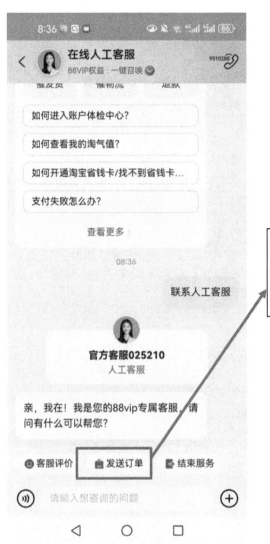

在对话界面，顾客可以用文字描述自己的问题，并可以通过页面最下端的"发送订单"按钮向客服发送要解决问题的商品订单。

2. 普通会员联系官方客服

淘宝普通会员享受的客户服务会稍逊于 88VIP 会员，只能以线上文字聊天的形式与淘宝官方客服联系，而不能直接拨打客服专线电话或者使用语音聊天。普通会员联系官方客服的步骤如下所示。

老年人网络安全购物指南

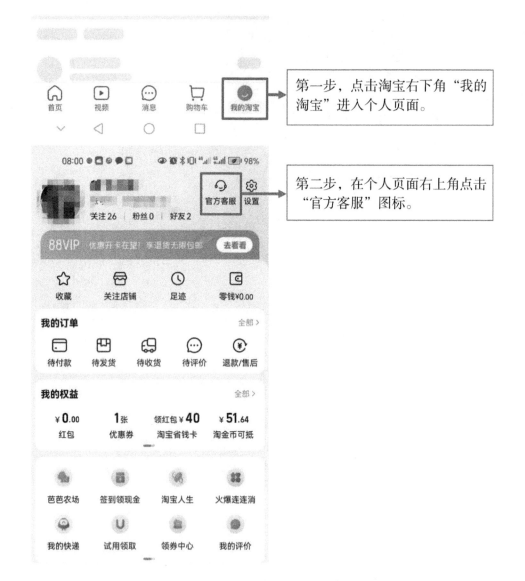

第一步,点击淘宝右下角"我的淘宝"进入个人页面。

第二步,在个人页面右上角点击"官方客服"图标。

三、淘宝购物指南

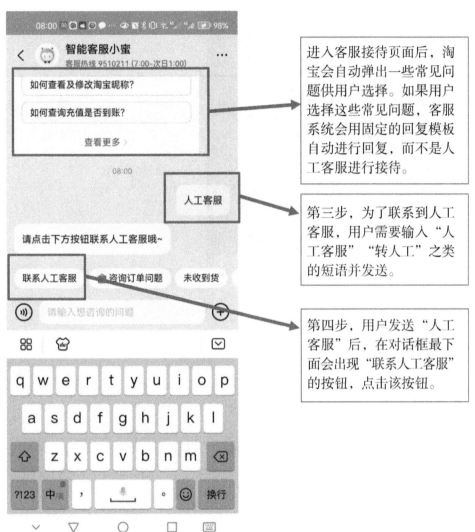

进入客服接待页面后,淘宝会自动弹出一些常见问题供用户选择。如果用户选择这些常见问题,客服系统会用固定的回复模板自动进行回复,而不是人工客服进行接待。

第三步,为了联系到人工客服,用户需要输入"人工客服""转人工"之类的短语并发送。

第四步,用户发送"人工客服"后,在对话框最下面会出现"联系人工客服"的按钮,点击该按钮。

老年人网络安全购物指南

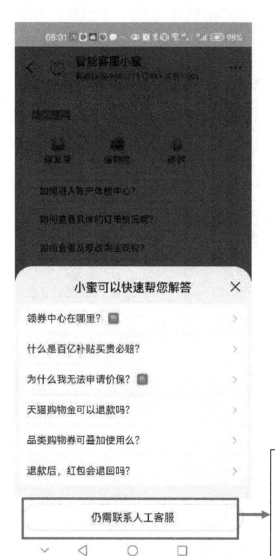

第五步，点击"联系人工客服"后，会弹出常见问题的对话框，请直接点击最下面的"仍需联系人工客服"，否则将转为自动回复。

三、淘宝购物指南

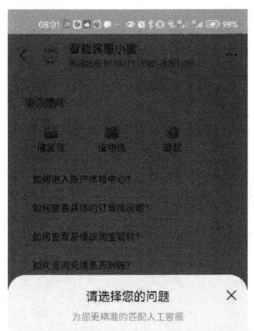

第六步，点击"仍需联系人工客服"后，在新跳出的选择框内选择要咨询的相关问题类型。

老年人网络安全购物指南

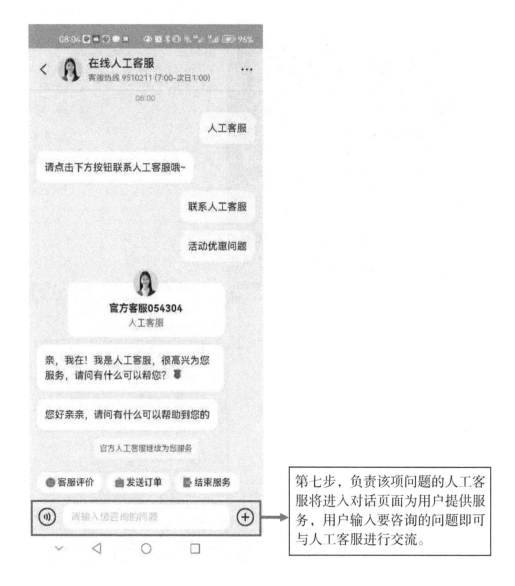

第七步,负责该项问题的人工客服将进入对话页面为用户提供服务,用户输入要咨询的问题即可与人工客服进行交流。

(八) 注册店铺会员

在淘宝购物时,还可以注册成为某店铺的会员,成为店铺会员后在该店铺购物时可以获得相应的积分,这些积分累积到一定程度后可以兑换相应的礼品或优惠券。除此之外,某些店铺为了提高顾客注册会员的积极性,会推出针对首次入会的会员专属的优惠券。但是注册成为店铺会员也将收到该店的广告推送或者广告短信。如果不是经常购买店铺商品或者不希望收到过多的营销信息,可以不注册店铺会员。是否是店铺会员并不会

三、淘宝购物指南

影响在这家店铺的正常购物。注册店铺会员的步骤如下所示。

方法一：

在某些店铺的首页，有专门的加入会员的入口，点击进入即可加入成为该店铺的会员。

方法二：

点击店铺首页右下角的"会员"按钮，如果还未加入该店会员，则会进入加入会员的界面。

点击"立即加入会员"。

三、淘宝购物指南

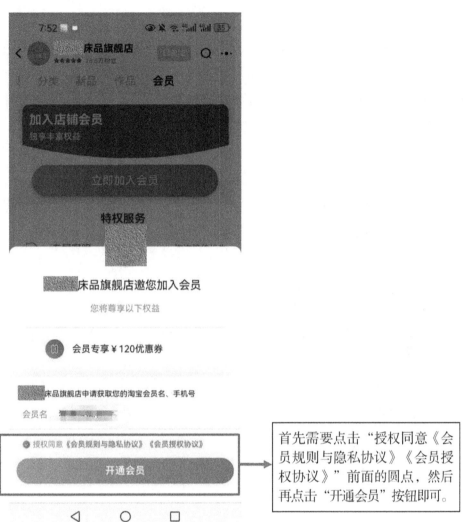

首先需要点击"授权同意《会员规则与隐私协议》《会员授权协议》"前面的圆点，然后再点击"开通会员"按钮即可。

（九）88VIP

淘宝88VIP是淘宝推出的一个针对消费较多的高价值客户的会员服务计划。成为88VIP会员后，用户可以享受到一系列优惠和特权服务。88VIP会员可以享受专属客服更便捷和优质的服务，以及全年的"折上折"优惠，包括天猫超市、天猫国际直营以及全球88个品牌的商品全年9.5折的优惠。此外，88VIP会员还可以享受到一些生活必需品的专属折扣，以及阿里巴巴集团旗下优酷、饿了么、虾米、淘票票等平台的年卡会员服务。但是并不是所用淘宝用户都可以低价开通88VIP，88VIP会员的

老年人网络安全购物指南

开通条件与用户的"淘气值"有关。淘气值是阿里巴巴会员等级的划分依据。当用户的淘气值达到1000分以上时,开通88VIP会员的费用为88元/年;如果淘气值在1000分以下,则开通费用为888元/年。淘气值的获取可以通过购物、评价、互动等方式积累。88VIP会员权益不仅限于购物折扣,还包括阿里巴巴生态内的多种服务,如视频(优酷会员、芒果会员等)、音乐(网易音乐等)、外卖(饿了么)等,覆盖了用户日常生活的多个方面,提供了一站式的优惠体验。

2024年,88VIP进行了重大改革,根据用户的不同需求,88VIP分成三大类,分别是生活卡、购物卡和全能卡。

1. 生活卡

88VIP生活卡的主要权益包括:

(1)天猫超市、天猫国际直营、阿里健康等天猫直营店以及88个著名品牌官方旗舰店的购物折上9.5折优惠。

(2)联名会员,包含芒果TV/优酷视频年卡(二选一)、网易云黑胶VIP、饿了么吃货卡等。

(3)每月享受30元退货运费券。

2. 购物卡

88VIP购物卡是专为在淘宝上购物较多的顾客设计的,减少了其他App的联名会员,但是比生活卡提供更多的购物优惠和保障。88VIP购物卡的主要权益包括以下四项。

(1)天猫超市、天猫国际直营、阿里健康等天猫直营店以及88个著名品牌官方旗舰店的购物折上9.5折优惠。

(2)天天红包,每天可领取2元的红包,全年累计730元。

(3)退货运费包,每月250元的退货运费券,支持10次免费退货,每次最高可免25元运费。

(4)售后保障包,主要包括两个部分:其一,专人跟进。88VIP会员在购买商品后,如果遇到任何问题,可以享受到专属客服的跟进服务。其二,快速响应。专属客服会在24小时内对会员提出的问题或纠纷进行响应,并给出处理结果。这项服务旨在提升消费者的购物体验,确保在遇到问题时能够得到及时和有效的解决。

天天红包、退货运费包及售后保障包权益合称"新三包"。

3. 全能卡

全能卡集生活卡和购物卡的权益于一体,但是价格也相对较贵。生活卡和购物卡的年费为88元(对于淘气值1000分以上的用户),全能卡的年费为168元。88VIP全能卡的权益主要包括:

(1)天猫超市、天猫国际直营、阿里健康等天猫直营店以及88个著名品牌官方旗舰店的购物折上9.5折优惠。

(2)联名会员,包含芒果TV/优酷视频年卡(二选一)、网易云黑胶VIP、饿了么吃货卡等。

(3)每天可领取2元的红包,全年累计730元。

(4)每月250元的退货运费券,支持10次免费退货,每次最高可免25元运费。

(5)售后专人全程跟进服务。

老年人网络安全购物指南

4. 三种卡的权益对比

三种卡的权益对比如下图所示。

生活卡	购物卡	全能卡 一卡通享全能特权
影音美食 优酷/芒果2选1 网易云音乐VIP 饿了么会员	—	**影音美食** 优酷/芒果2选1 网易云音乐VIP 饿了么会员
—	**购物权益** ·天天红包 价值730元	**购物权益** ·天天红包 价值730元
·退货包运费 无限次免费退货 最高抵25元/次	·退货包运费 无限次免费退货 最高抵25元/次	·退货包运费 无限次免费退货 最高抵25元/次
—	·售后保障包 *24小时完结	·售后保障包 *24小时完结
折上95折 天猫超市 天猫国际 阿里健康 488+天猫大牌 100+淘宝热店 积分兑换	**折上95折** 天猫超市 天猫国际 阿里健康 488+天猫大牌 100+淘宝热店 积分兑换	**折上95折** 天猫超市 天猫国际 阿里健康 488+天猫大牌 100+淘宝热店 积分兑换
大促消费券 全年至少888元	**大促消费券** 全年至少888元	**大促消费券** 全年至少888元
专属客服	金牌客服	金牌客服

三、淘宝购物指南

5. 开通步骤

淘宝普通会员开通88VIP的步骤如下。

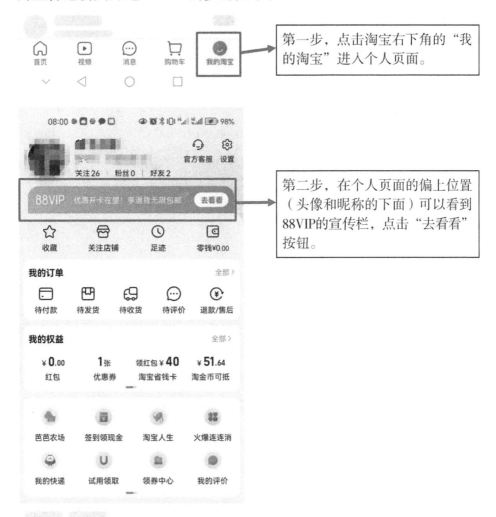

第一步,点击淘宝右下角的"我的淘宝"进入个人页面。

第二步,在个人页面的偏上位置(头像和昵称的下面)可以看到88VIP的宣传栏,点击"去看看"按钮。

(十)管理收货地址

由于搬家、在外地旅游或者暂住、替他人购买物品等情况,顾客在淘宝购物时需要修改旧地址或者新增收货地址。除此之外,在管理收货地址时,可以选择默认收货地址和设置偏好的收货方式。具体操作步骤如下所示。

点击右下角"我的淘宝"进入个人页面,在个人页面中进入地址管

老年人网络安全购物指南

理页面有两个入口。

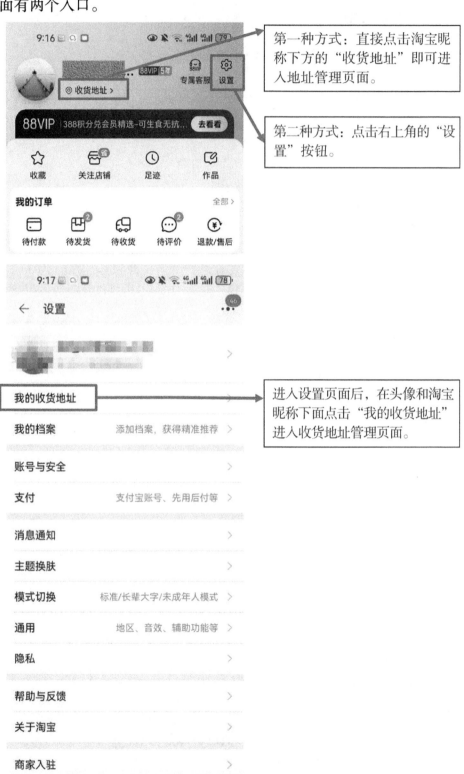

第一种方式：直接点击淘宝昵称下方的"收货地址"即可进入地址管理页面。

第二种方式：点击右上角的"设置"按钮。

进入设置页面后，在头像和淘宝昵称下面点击"我的收货地址"进入收货地址管理页面。

三、淘宝购物指南

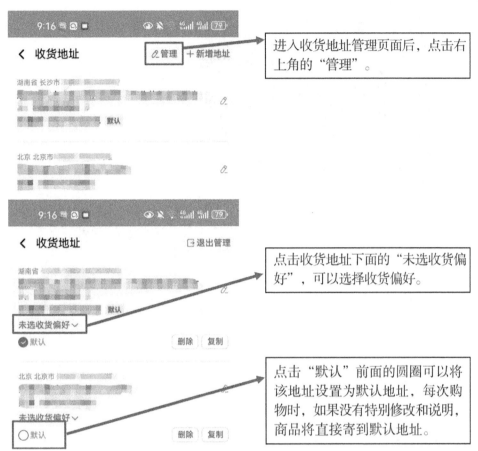

进入收货地址管理页面后,点击右上角的"管理"。

点击收货地址下面的"未选收货偏好",可以选择收货偏好。

点击"默认"前面的圆圈可以将该地址设置为默认地址,每次购物时,如果没有特别修改和说明,商品将直接寄到默认地址。

老年人网络安全购物指南

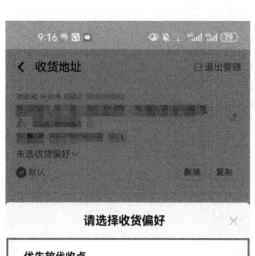

点击"未选收货偏好"后可以进入选择收货偏好的页面。消费者可以选择将包裹放在代收点(一般是菜鸟驿站)或者要求送货上门。但是要注意的是,有一部分偏远地址不可以送货上门,只能选择放代收点后消费者去自提。

在收货地址管理页面点击地址右侧的铅笔符号则可对已存的收货地址进行修改和重新编辑。

三、淘宝购物指南

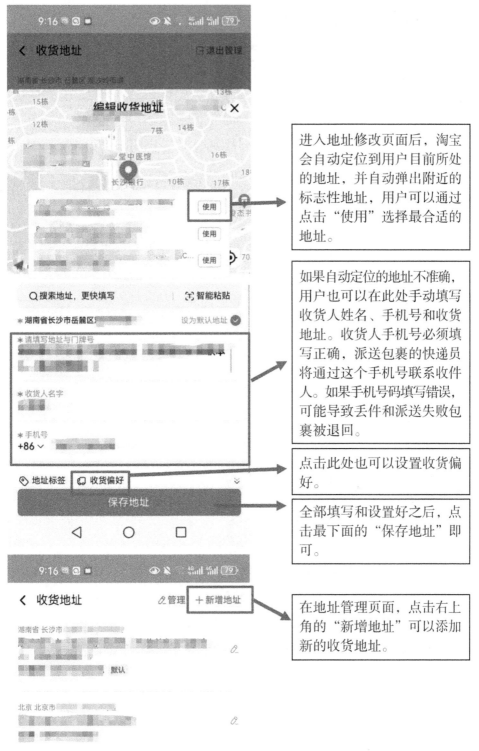

进入地址修改页面后，淘宝会自动定位到用户目前所处的地址，并自动弹出附近的标志性地址，用户可以通过点击"使用"选择最合适的地址。

如果自动定位的地址不准确，用户也可以在此处手动填写收货人姓名、手机号和收货地址。收货人手机号必须填写正确，派送包裹的快递员将通过这个手机号联系收件人。如果手机号码填写错误，可能导致丢件和派送失败包裹被退回。

点击此处也可以设置收货偏好。

全部填写和设置好之后，点击最下面的"保存地址"即可。

在地址管理页面，点击右上角的"新增地址"可以添加新的收货地址。

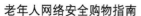

新增地址页面和修改地址页面操作一样。
如果手机没有打开GPS定位或者淘宝没有获得位置信息授权，则会定位失败，需要顾客手动填写收货地址。

（十一）查看物流信息

在淘宝上购买的商品发货之后，消费者可以在订单中查看此包裹的物流信息来追踪包裹。在淘宝上查看物流信息的步骤如下图所示。

三、淘宝购物指南

在淘宝首页的右下角点击"我的淘宝"进入个人页面。

在个人页面,点击"待收货"即可查看在途包裹以及其物流信息。

105

四、拼多多购物指南

（一）拼多多特色

与淘宝和京东这些老牌电商购物平台相比，主打"低价+社交"属性的拼多多正在赢得越来越多用户，尤其是受重视商品价格的年长消费者的青睐。和淘宝相比，拼多多具有以下特色。

1. 低价策略

拼多多以低价商品吸引用户，例如 9.9 元包邮的商品，以及价格相对较低的电子产品等。

2. 社交电商模式

利用社交网络进行商品推广和销售，通过用户之间的分享和拼团购买，实现商品信息的裂变式传播。

3. 品类优势

拼多多在农产品、快速消耗品和服装等品类上具有优势，尤其是无品牌商品和日常消耗品的价格比线下实体店，甚至比其他电商平台都要便宜不少。

4. 营销成本较低

与淘宝等平台相比，拼多多的流量分发更依赖社交裂变（即用户自主在微信群或朋友圈中转发，典型例子是"砍一刀"），减少了商家的营销成本。

5. 平台补贴

拼多多通过百亿补贴等市场营销策略,降低商品价格,提高用户购买意愿。

6. 商品展示

在商品展示上,拼多多给予单个商品较大的展示空间,通过标签等方式加速用户的购物决策。

7. 创新功能

例如"拼小圈",具有社交功能,可以增加用户粘性和商品被推荐机会。

8. 深耕农业领域

拼多多以农产品零售平台起家,通过创新模式推动农业发展,如"农地云拼+产地直发"等销售模式。线上下单,隔天可以在家附近的自提点提货的"多多买菜"也逐渐成为许多行动不便的老年人购买日常用品和农产品的重要渠道。

老年人网络安全购物指南

（二）设置为长辈版

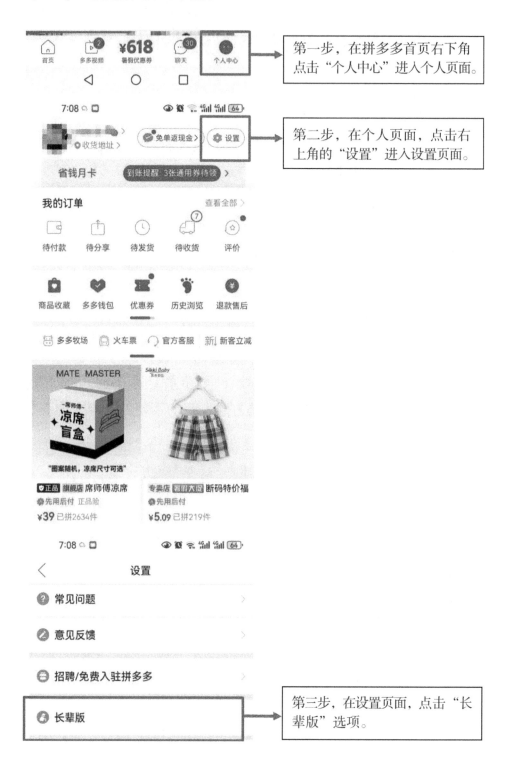

第一步，在拼多多首页右下角点击"个人中心"进入个人页面。

第二步，在个人页面，点击右上角的"设置"进入设置页面。

第三步，在设置页面，点击"长辈版"选项。

四、拼多多购物指南

（三）打开/关闭 "先用后付" 功能

拼多多的"先用后付"功能允许用户先收到商品试用，满意后再进行付款。这项服务旨在降低消费者的购物风险，提高购物体验，根据用户需求和满意度来决定是否完成交易，如果用户对商品不满意，可以选择退货，而无须支付任何费用。不过，用户在使用这项服务时，需要满足一定的条件，比如微信信誉分达到 600 分以上，并绑定银行卡以开通自动扣款功能。对于卖家而言，虽然可以提高商品的转化率，但也可能面临一些风险和增加支出，比如退货运费和技术服务费的支出。

虽然"先用后付"服务给用户降低了买到劣质商品的风险，但是也存在以下弊端。

（1）消费者误解。部分消费者，尤其是对网上购物不太熟悉的老年人在使用"先用后付"功能时，由于在下单购买时支付金额为 0 或者不需要支付，容易产生误解，以为商品是免费的，不需要花钱，从而购买了大量自己并不需要的商品；在收到货后发现被自动扣款，从而产生了"上当受骗"的感觉。

（2）容易导致误触下单。由于先用后付不需要付款，很多老年消费者容易在浏览商品时不小心误触了购买键而购买了自己不需要的商品。

（3）资金周转问题。用户需要在微信账户或其他支付方式中预留足够的余额来完成最终的扣款，如果余额不足，系统可能会按照设置的支付顺序尝试扣款，这可能会打乱用户的资金安排。

（4）信用风险。如果用户的支付账户扣款失败，可能会影响到个人在支付平台上的信用评分，进而影响用户的信用额度甚至可能导致账户被冻结。很多老年人在微信等支付平台上并没有绑定银行卡，也只有少量余额，使用"先用后付"服务时很容易由于余额不足导致扣款失败，影响信用额度，给后续线上支付造成很多不便。

对老年人而言，为了避免使用"先用后付"功能造成的误会和不便，可以选择关闭此功能，具体步骤如下所示。

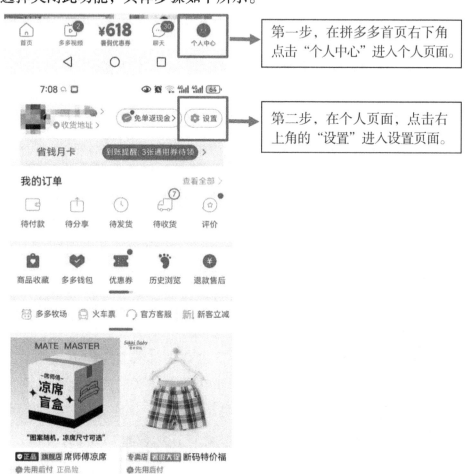

四、拼多多购物指南

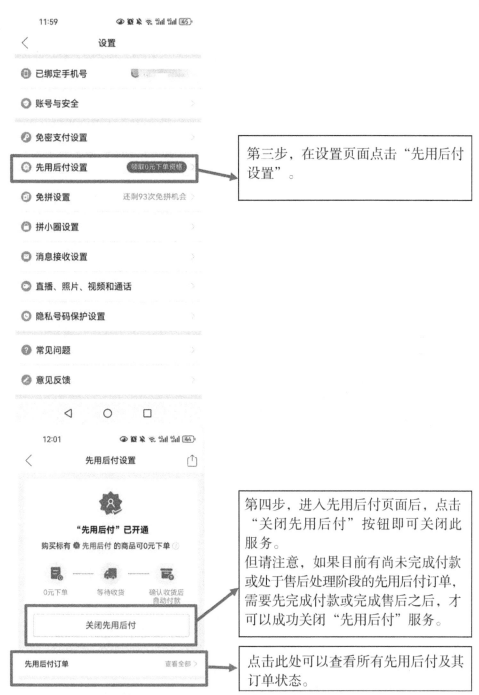

第三步，在设置页面点击"先用后付设置"。

第四步，进入先用后付页面后，点击"关闭先用后付"按钮即可关闭此服务。
但请注意，如果目前有尚未完成付款或处于售后处理阶段的先用后付订单，需要先完成付款或完成售后之后，才可以成功关闭"先用后付"服务。

点击此处可以查看所有先用后付及其订单状态。

　　如果用户希望使用"先用后付"服务，也可以重新开通此项服务，但相比关闭步骤，开通步骤比较烦琐。开通"先用后付"服务的步骤如下所示。

老年人网络安全购物指南

第一步,在拼多多首页右下角点击"个人中心"进入个人页面。

第二步,在个人页面,点击右上角的"设置"进入设置页面。

第三步,在设置页面点击"先用后付设置"。

四、拼多多购物指南

第四步，在"先用后付"页面点击"立即领取"按钮。

第五步，点击"立即领取"按钮后，会自动弹出跳转到微信的对话框，点击"确定"按钮。

第六步，点击"确定"按钮后，拼多多会自动跳转到微信的"先用后付"服务扣款授权页面，点击"确定"按钮。

在微信的"先用后付"服务扣款授权页面,点击服务说明旁边的蓝色小字"详情",用户可以查看和设置有限扣款方式。

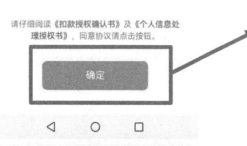

请注意,如果微信支付分较低(也就是被认为信用不够良好),则无法开通"先用后付"服务。

由于微信支付支持从微信支付余额(又称为"零钱")、绑定的银行卡或者信用卡、微信上可随时支取的理财(零钱通)等多种渠道扣费,消费者可以按照自己的喜好设定优先扣款方式,一般是默认优先从"零钱"扣款。
点击"零钱"旁边的小箭头可以自己选择其他的优先扣款方式。

四、拼多多购物指南

点击"零钱"旁边的小箭头后，可以在跳出的选项中选择自己偏好的优先扣款方式。

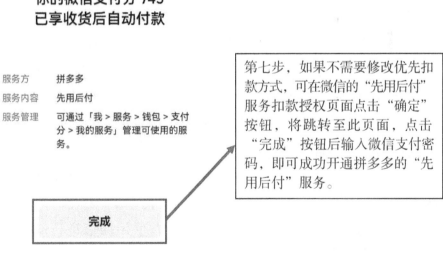

第七步，如果不需要修改优先扣款方式，可在微信的"先用后付"服务扣款授权页面点击"确定"按钮，将跳转至此页面，点击"完成"按钮后输入微信支付密码，即可成功开通拼多多的"先用后付"服务。

115

老年人网络安全购物指南

"先用后付"服务开通或关闭成功后,拼多多都会在交易通知中发信息告知用户。

成功开通"先用后付"服务的重要前提是具有较高的微信支付分。老年消费者由于线上购物和微信支付使用频率都较低,往往微信支付分不够高,无法顺利开通"先用后付"服务。微信支付分的提高是一个逐步的过程,需要时间和持续的良好行为来积累。网上声称可以快速提高支付分的服务很可能是诈骗,应避免上当受骗。以下是六条常见的提高微信支付分的途径。

(1)完善个人信息。确保微信账户中的个人信息准确无误,包括姓名、手机号、身份证号等。

(2)多使用微信支付。增加使用微信支付的频率和金额,无论是线上购物还是线下支付,都有助于提高支付分。

(3)按时还款。保持良好的信用记录,使用微信进行的借款或信用卡消费,要确保按时还款,避免逾期。

(4)保持账户安全。使用安全的支付习惯,如设置复杂的密码,定期更换密码,避免共享账户信息,以维护账户安全。

（5）保持良好的社交行为。在微信上避免发布不良信息，保持正面的社交行为，因为微信好友的信用情况也可能间接影响您的支付分。

（6）多在微信上理财。通过微信进行理财活动，提高个人身份特质，这也可能对支付分产生积极影响。

（四）免拼设置

在拼多多购物时，消费者下单后还需要等待"拼单"成功，只有"拼单"成功商家才会发货，虽然"拼单"几乎都会成功，但是需要较长时间的等待。如果不想等待，也可以使用一次"免拼"机会。消费者在拼多多上购物后，每累计确认收货2次可获得1次"免拼"机会。每个账号最多持有300次"免拼"机会，使用后可再次获得新的"免拼"机会。如果没有免拼机会则不能"免拼"，只能等待"拼单"成功。用户可以在拼多多中设置自动"免拼"，步骤如下所示。

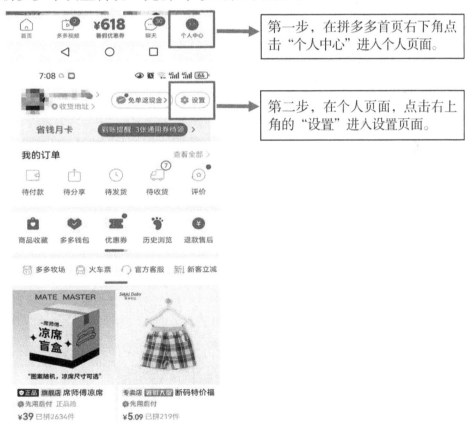

老年人网络安全购物指南

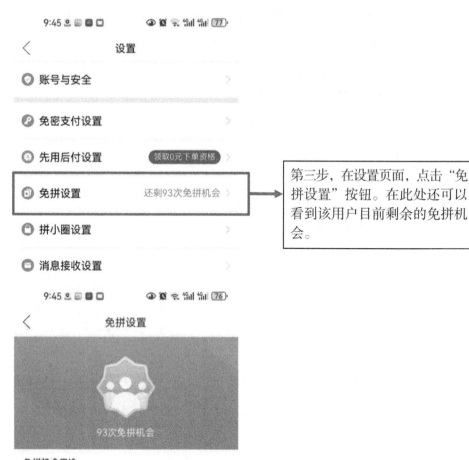

第三步,在设置页面,点击"免拼设置"按钮。在此处还可以看到该用户目前剩余的免拼机会。

第四步,在免拼设置页面,滑动屏幕拖到最下面,点击"自动免拼"旁边的"开启"。

四、拼多多购物指南

（五）打开/关闭隐私号码保护

在网上购物时，商品的运输和派送都需要用到消费者留下的手机号码，这造成了信息泄露的风险，不法分子可以通过窃取消费者的真实手机号码进行诈骗或者滥发广告进行骚扰。为了维护个人信息，减少骚扰，不少消费者会选择开启隐私号码保护。对消费者而言，在网购过程中使用隐私号码有以下五点好处。

（1）防止个人信息泄露。隐私号码保护可以隐藏用户的真实手机号码，避免在交易过程中泄露给第三方，从而降低个人信息被滥用的风险。

（2）避免骚扰电话。开启隐私号码保护，商家和快递人员只能通过临时的虚拟号码联系用户，这样可以减少用户收到的骚扰电话和短信。

（3）保护用户隐私。在网购过程中，用户的手机号码是个人隐私的一部分。隐私号码保护确保了用户在享受网购便利的同时，隐私不被侵犯。

（4）提高安全性。使用隐私号码保护可以降低接到诈骗电话的风险，因为诈骗者无法获得用户的真实联系方式。

（5）便于管理。隐私号码保护使得用户在处理多个订单时，可以更有效地管理自己的联系方式，避免混乱。

虽然开启隐私号码保护在网购时可以提供隐私保护和安全保障，但也可能带来以下几点不便之处。

（1）沟通障碍。隐私号码保护可能会阻碍用户与卖家或快递服务之间的即时沟通，因为双方只能通过临时的虚拟号码联系。

（2）服务追踪困难。如果用户需要追踪订单或解决服务问题，隐私号码保护可能会增加与客服沟通的复杂性，因为客服无法直接通过用户的虚拟电话号码联系到用户。

（3）临时号码过期。虚拟电话号码通常有时间限制，一旦过期，用户可能无法再通过该号码接收到相关信息或联系卖家。

（4）技术问题。有时隐私号码保护系统可能会出现技术问题，导致用户无法正常使用该服务，或者卖家无法联系到用户。

（5）额外成本。某些平台可能会对隐私号码保护服务收取额外费用，这会增加用户的购物成本。

（6）误解和混淆。如果用户忘记虚拟电话号码的存在，可能会错过重要的电话或短信，导致误解或混淆。

（7）紧急情况下的联系问题。在某些紧急情况下，如包裹丢失或损坏，隐私号码保护可能会延缓问题的解决，因为需要通过平台的客服进行转接。

尽管存在这些不便之处，隐私号码保护仍然是一个重要的安全措施，可以帮助用户在网购时保护自己的个人信息。用户可以根据自己的需求和偏好来决定是否使用这一服务。在拼多多 App 中，消费者可以自己设置使用或者关闭隐私号码保护，具体步骤如下所示。

四、拼多多购物指南

第一步，在拼多多首页右下角点击"个人中心"进入个人页面。

第二步，在个人页面，点击右上角的"设置"进入设置页面。

第三步，在设置页面下滑屏幕，点击"隐私号码保护设置"。

121

老年人网络安全购物指南

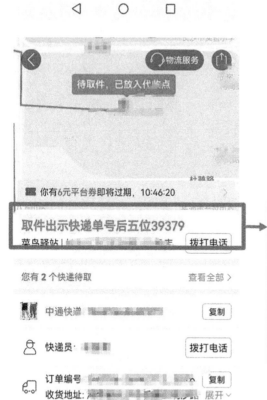

第四步,点击"开启号码保护"即可。设置完成后,商家和快递员将无法看到消费者的真实手机号码,只能通过一个随机的虚拟电话号码与消费者取得联系。

但是如果包裹放置在代收点,部分虚拟号码将无法收到取件码,消费者需要在查看到包裹已经抵达代收点的物流信息后前往该笔订单的订单页面,查看隐私号码并将隐私号码告知代收点工作人员,才能取到包裹。(查看订单和物流信息请看P128)

四、拼多多购物指南

开启隐私号码保护后,如果想关闭,则按照如下步骤操作。

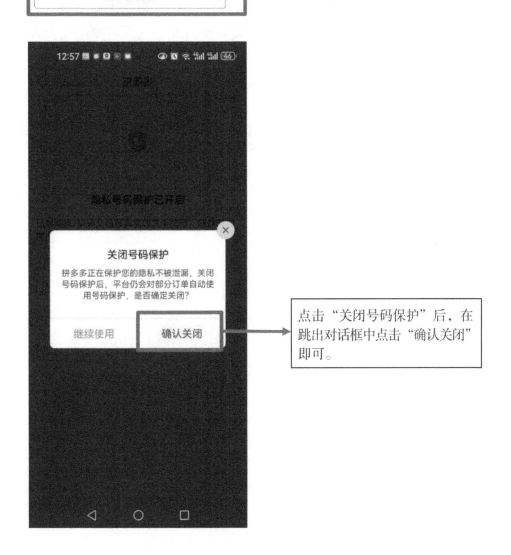

开启隐私号码保护后,如果想关闭,则按照上述步骤进入隐私号码保护设置页面,点击"关闭号码保护"。

点击"关闭号码保护"后,在跳出对话框中点击"确认关闭"即可。

（六）打开/关闭免密支付设置

免密支付是一种便捷的支付方式，它允许用户在不输入密码的情况下完成小额支付。这种支付方式通常需要用户在首次使用时设置，之后在特定条件下自动执行支付。虽然免密支付避免了消费者忘记密码而无法支付的麻烦，也节约了时间，提高了效率，但是由于缺乏密码保护，免密支付也存在一定的风险，例如账户被盗用或错误操作导致不必要的支付。因此，使用免密支付时，用户应该确保自己的账户安全，并了解相关的支付条款和条件。在拼多多购物时是支持免密支付的，拼多多的免密支付单笔最高限额为 100 元，即 100 元以下的订单不需要输入支付密码，但是超过 100 元依然需要密码；在拼多多上的免密支付每天最高限制为 10 笔。在拼多多上设置免密支付的步骤如下所示。

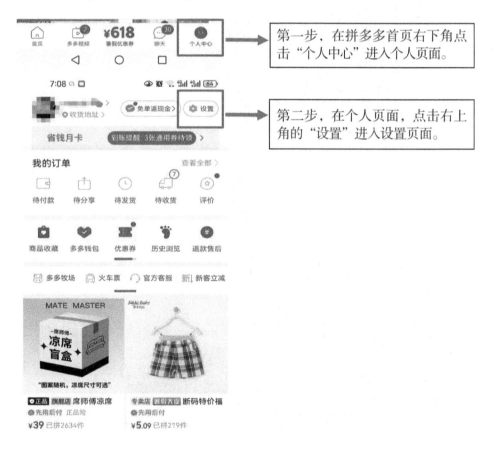

第一步，在拼多多首页右下角点击"个人中心"进入个人页面。

第二步，在个人页面，点击右上角的"设置"进入设置页面。

四、拼多多购物指南

第三步，在设置页面，点击"免密支付设置"按钮。

第四步，选择要设置免密支付的支付渠道，点击对应支付渠道旁边的"立即开通"按钮。

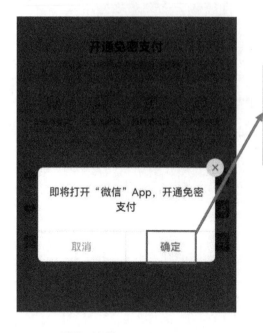

第五步，以开通微信支付的免密支付为例，点击微信旁边的"立即开通"按钮后，再点击弹出窗上的"确定"按钮跳转至微信。

第六步，在微信的开通页面，点击"开通"按钮。

四、拼多多购物指南

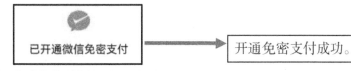

第七步，在弹出的自动扣费说明页面点击"同意"按钮，并且在自动跳转的密码输入页面输入微信支付密码。

开通免密支付成功。

如果想要关闭免密支付，首先从设置页面进入免密支付设置页面，然后点击最下面的"关闭微信免密支付"。

老年人网络安全购物指南

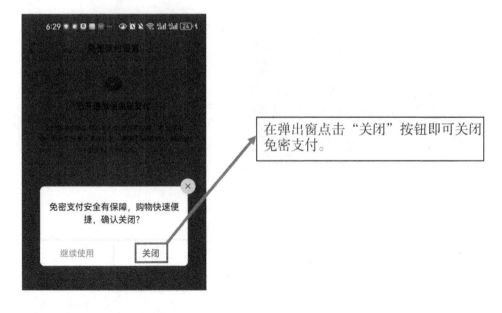

在弹出窗点击"关闭"按钮即可关闭免密支付。

（七）查看物流信息

在拼多多上购买的商品发货之后，消费者可以在订单中查看此包裹的物流信息来追踪包裹。在拼多多上查看物流信息的步骤如下所示。

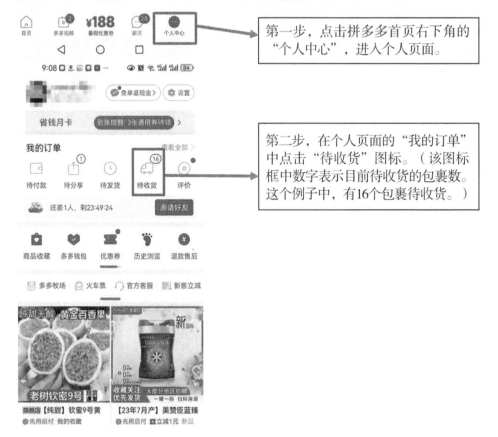

第一步，点击拼多多首页右下角的"个人中心"，进入个人页面。

第二步，在个人页面的"我的订单"中点击"待收货"图标。（该图标框中数字表示目前待收货的包裹数。这个例子中，有16个包裹待收货。）

四、拼多多购物指南

第三步，在待收货的订单页面找到想要查看的订单，点击"查看物流"按钮。

在每个订单的最下方都有一行小字显示包裹的目前状态。

老年人网络安全购物指南

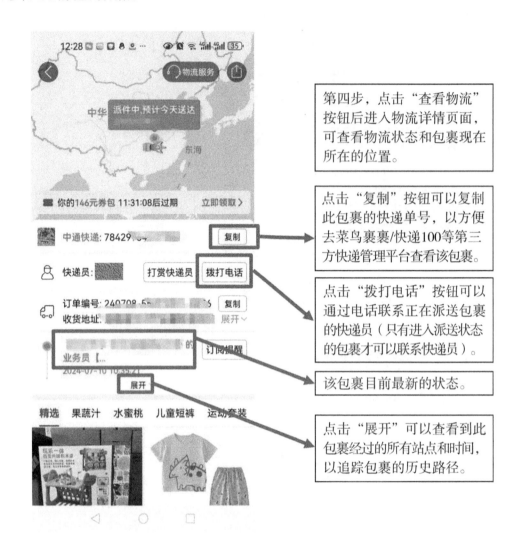

第四步,点击"查看物流"按钮后进入物流详情页面,可查看物流状态和包裹现在所在的位置。

点击"复制"按钮可以复制此包裹的快递单号,以方便去菜鸟裹裹/快递100等第三方快递管理平台查看该包裹。

点击"拨打电话"按钮可以通过电话联系正在派送包裹的快递员(只有进入派送状态的包裹才可以联系快递员)。

该包裹目前最新的状态。

点击"展开"可以查看到此包裹经过的所有站点和时间,以追踪包裹的历史路径。

四、拼多多购物指南

展开后的物流信息如图所示。

（八）联系官方客服

用户在拼多多上购物时，如果遇到密码忘记或账户被锁定等账户问题，长时间未发货、物流信息不更新、收到的商品与订单不符等订单问题，支付失败、退款问题或对账单有疑问等支付问题，商品质量有问题、描述不符或收到的商品有损坏等商品问题，需要退换货服务或对售后服务有疑问等售后问题，与商家沟通不畅，或认为商家存在违规行为等商家问题，对拼多多平台有任何疑问或需要帮助，均可以联系拼多多官方客服协助解决。在拼多多上联系官方客服的步骤如下所示。

老年人网络安全购物指南

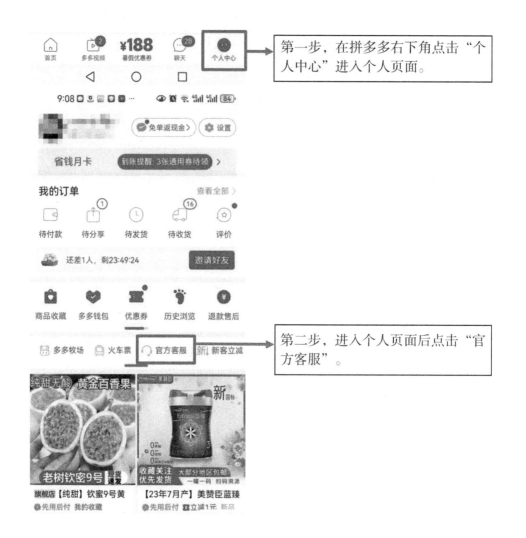

第一步，在拼多多右下角点击"个人中心"进入个人页面。

第二步，进入个人页面后点击"官方客服"。

四、拼多多购物指南

第三步，点击页面最下方的"联系官方客服"按钮。

老年人网络安全购物指南

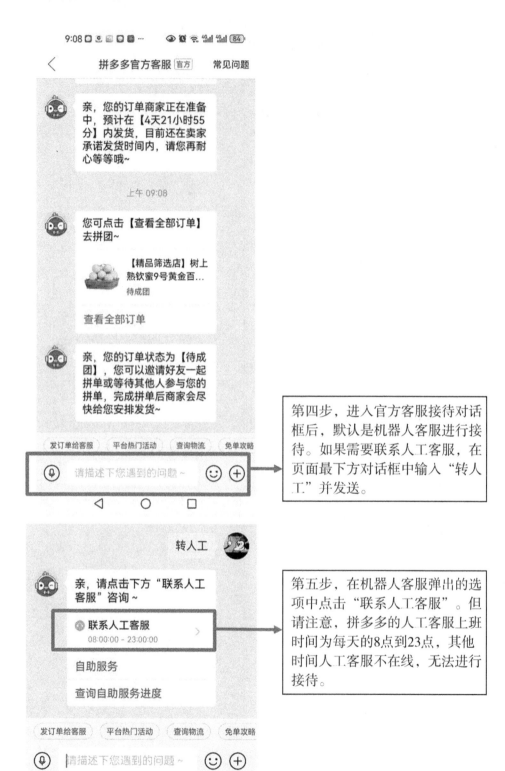

第四步，进入官方客服接待对话框后，默认是机器人客服进行接待。如果需要联系人工客服，在页面最下方对话框中输入"转人工"并发送。

第五步，在机器人客服弹出的选项中点击"联系人工客服"。但请注意，拼多多的人工客服上班时间为每天的8点到23点，其他时间人工客服不在线，无法进行接待。

四、拼多多购物指南

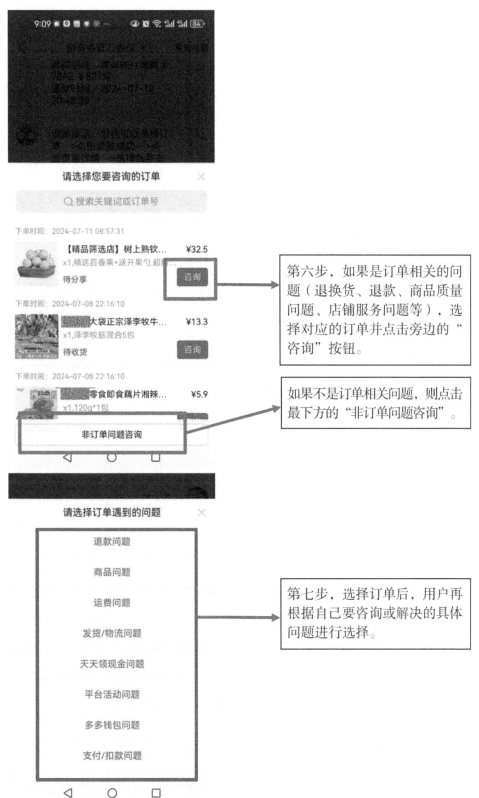

第六步，如果是订单相关的问题（退换货、退款、商品质量问题、店铺服务问题等），选择对应的订单并点击旁边的"咨询"按钮。

如果不是订单相关问题，则点击最下方的"非订单问题咨询"。

第七步，选择订单后，用户再根据自己要咨询或解决的具体问题进行选择。

老年人网络安全购物指南

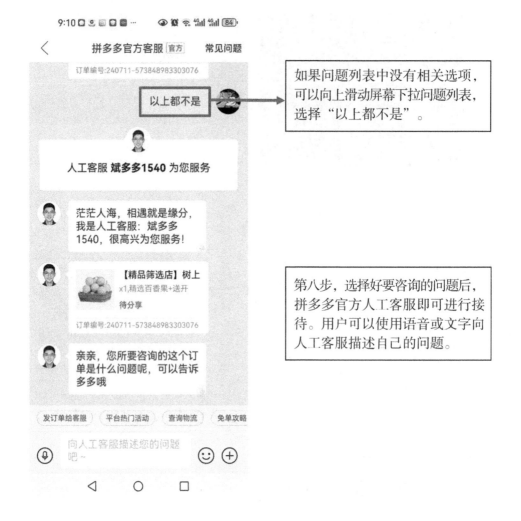

（九）退货

用户如果在拼多多上买到不满意的商品，可以申请退货。在拼多多申请退货通常需要满足以下条件或情况。

（1）质量问题。如果收到的商品存在质量问题，如破损、功能故障等，消费者可以申请退货。

（2）描述不符。如果商品与商家描述的不符，比如尺寸、颜色、款式等与描述不一致，消费者可以申请退货。

（3）7天无理由退货。根据拼多多的规则，消费者在收到商品后的7天内（以物流签收时间为准），可以无理由退货，但需要满足商品完好、不影响二次销售的条件。

（4）错发、漏发。如果商家发错了商品或商品数量不足，消费者可以申请退货或换货。

（5）个人原因。如果消费者因为个人喜好、尺寸不合适等原因希望退货，也可以申请，但可能需要承担退货的运费。

（6）未收到货。如果消费者未收到商品，可以申请退款。

（7）商品存在缺陷。如果商品存在安全隐患或健康风险等缺陷，消费者有权要求退货。

（8）商家同意退货。在某些情况下，即使商品没有问题，如果商家同意，消费者也可以退货。

在拼多多，根据申请退货的原因不同，退货主要分成两种情况：退货退款和退款不退货（仅退款）。

1. 退货退款

退货退款常发生在消费者已经收到商品，但对商品不满意或者商品存在质量问题的情况下，消费者需要将商品寄还给商家，商家收到货后将货款退还给消费者。在拼多多上，部分商品有运费险，消费者在退回时可以用运费险的理赔金额抵消运费，换句话说，消费者不需要支付退回包裹的快递费用；但部分商品（尤其是中小店铺的廉价商品）没有运费险，如果是消费者的原因要求退货，需要消费者自己承担退回商品的运费。查看是否有运费险的步骤如下所示。

老年人网络安全购物指南

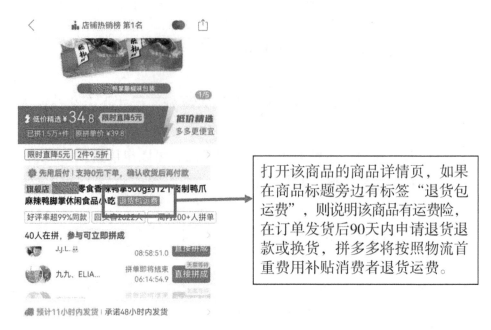

打开该商品的商品详情页,如果在商品标题旁边有标签"退货包运费",则说明该商品有运费险,在订单发货后90天内申请退货退款或换货,拼多多将按照物流首重费用补贴消费者退货运费。

在拼多多上申请退货退款的步骤如下所示。

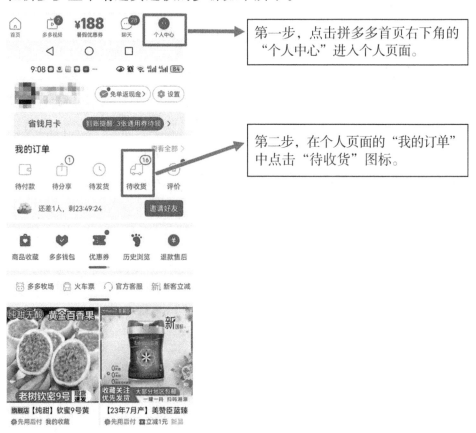

第一步,点击拼多多首页右下角的"个人中心"进入个人页面。

第二步,在个人页面的"我的订单"中点击"待收货"图标。

四、拼多多购物指南

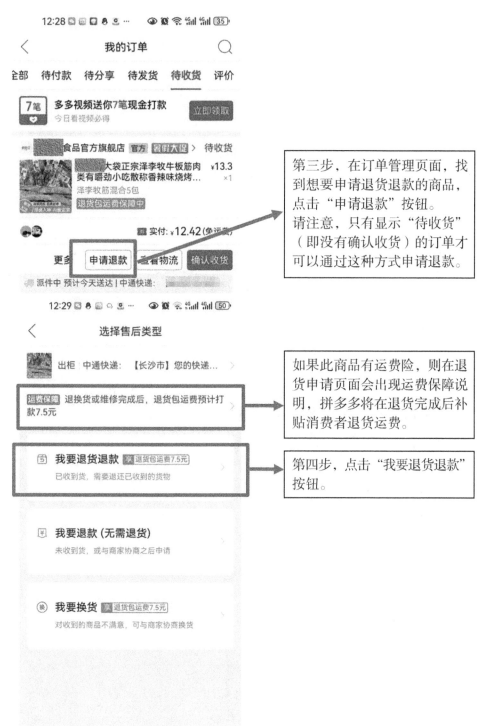

老年人网络安全购物指南

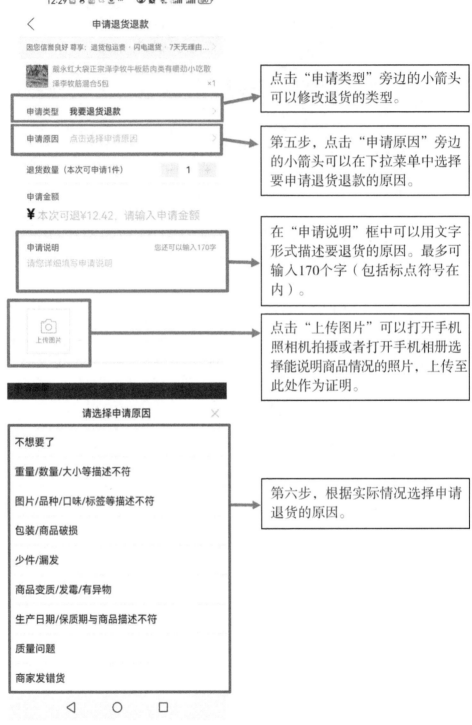

四、拼多多购物指南

选择好申请退货的原因后,拼多多将自动填写申请金额(一般会自动填写该订单的实付金额),如果有特殊情况,消费者可以点击"修改金额"图标进行修改。

第七步,点击"提交申请"按钮。

老年人网络安全购物指南

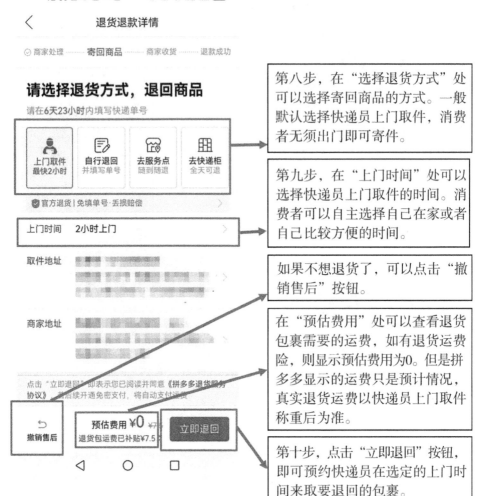

第八步,在"选择退货方式"处可以选择寄回商品的方式。一般默认选择快递员上门取件,消费者无须出门即可寄件。

第九步,在"上门时间"处可以选择快递员上门取件的时间。消费者可以自主选择自己在家或者自己比较方便的时间。

如果不想退货了,可以点击"撤销售后"按钮。

在"预估费用"处可以查看退货包裹需要的运费,如有退货运费险,则显示预估费用为0。但是拼多多显示的运费只是预计情况,真实退货运费以快递员上门取件称重后为准。

第十步,点击"立即退回"按钮,即可预约快递员在选定的上门时间来取要退回的包裹。

四、拼多多购物指南

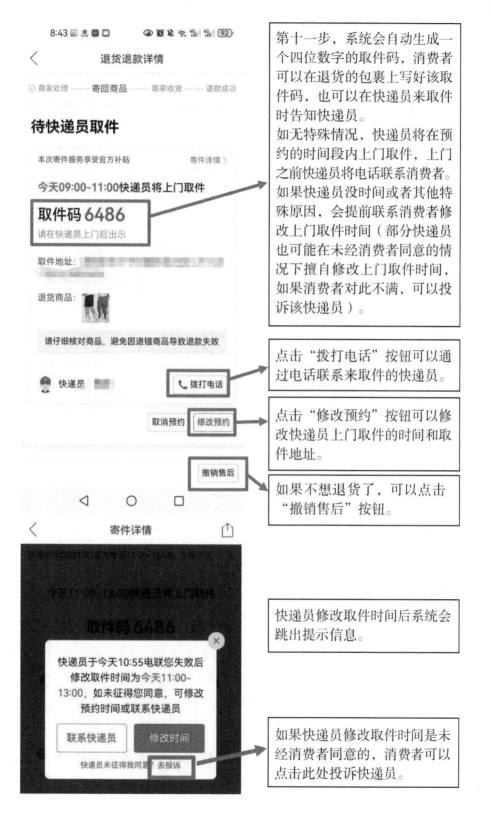

第十一步，系统会自动生成一个四位数字的取件码，消费者可以在退货的包裹上写好该取件码，也可以在快递员来取件时告知快递员。

如无特殊情况，快递员将在预约的时间段内上门取件，上门之前快递员将电话联系消费者。如果快递员没时间或者其他特殊原因，会提前联系消费者修改上门取件时间（部分快递员也可能在未经消费者同意的情况下擅自修改上门取件时间，如果消费者对此不满，可以投诉该快递员）。

点击"拨打电话"按钮可以通过电话联系来取件的快递员。

点击"修改预约"按钮可以修改快递员上门取件的时间和取件地址。

如果不想退货了，可以点击"撤销售后"按钮。

快递员修改取件时间后系统会跳出提示信息。

如果快递员修改取件时间是未经消费者同意的，消费者可以点击此处投诉快递员。

143

2. 仅退款（退款但不退回商品）

拼多多的"仅退款"政策是一项旨在保护消费者权益，提升消费者购物体验，减少他们的后顾之忧，同时促进商家提供更优质的商品和服务的措施，允许消费者在特定情况下无须退货即可获得退款。这项政策自2021年由拼多多首次实施，随后其他电商平台如抖音、淘宝、京东和快手也相继推出类似功能。拼多多的"仅退款"模式主要适用于以下几种特定情况。

（1）消费者无货可退。例如商家未发货但消费者不想购买，或者商家已点击发货但没有物流信息，消费者不想要商品了，可以申请退款。

四、拼多多购物指南

（2）消费者与商家协商一致。如果消费者收到商品后，因非自身原因出现质量问题（一般是严重质量问题，无法维修或者再次售卖），或消费者不想要商品了，经与商家协商后，商家同意仅退款而无须退货。

（3）商家作出仅退款承诺。商家在销售时已明确承诺，消费者在符合约定情况下可以仅退款不退货。

（4）商品在运输途中消费者不想购买。如果消费者在商品运输途中决定不想要了，并且与商家协商一致拒收快递后，可以申请退款。

（5）商品丢失或异常。如果快递丢失或有异常导致消费者未收到商品，且与商家协商一致后，可以申请退款。

（6）消费者权益保护。对于不懂售后、退货流程的消费者，特别是下沉市场和年纪较大的消费者，"仅退款"提供了一个安全底线，简化了他们的维权流程。

在符合仅退款的条件下申请仅退款的步骤如下所示。

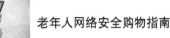
老年人网络安全购物指南

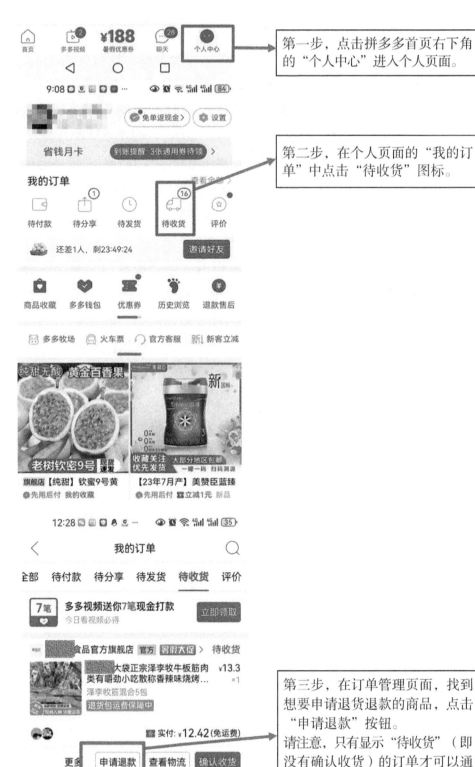

四、拼多多购物指南

第四步，在退换货页面点击"我要退款（无需退货）"按钮。

第五步，根据是否收到货，选择"未收到货"或者"已收到货"。

老年人网络安全购物指南

第六步,如果选择"已收到货",则需要根据事实情况选择退款原因。

在"申请说明"处可以填写更详细的申请退款的原因并上传可以作为佐证的图片。

第七步,点击"提交申请"按钮。

申请"退款不退货"被商家拒绝的可能性较大,面对损坏较为严重但还可以勉强使用的商品,商家更愿意进行一定程度的赔偿而非全额退款;有部分商家还会要求消费者退回商品才可以全额退款;如果是不太值钱但又确实有质量问题的小商品,退回邮费较贵,商家为了节省邮费,也可能要求消费者拍照或者拍视频证明已经销毁该商品后才会同意退款。所以申请仅退款之前一定要和商家协商好,如果协商不成,也可以申请官方客服介入协助处理(联系官方客服的方式见P131)。作为消费者,不能抱着"白嫖"的心态恶意申请"仅退款",但如果买到伪劣产品,也一定要维护自己的合法权利。

(十)换货

如果在拼多多购物的消费者买到不满意的商品,但又不希望退货,也可以申请换货(但只有部分店铺支持换货)。一般遇到以下情况可以申请换货:

(1)质量问题。如果收到的商品存在质量问题,如破损、功能故障等,消费者可以申请换货。

(2)发错商品。如果收到的商品与下单的商品不符,例如款式、颜色、尺寸等不符合订单要求,消费者可以申请换货。

(3)尺码不符。对于服装鞋帽等商品,如果尺码与消费者的需求不符,且商品支持换货服务,消费者可以申请换货。

(4)包装问题。如果商品在运输过程中包装受损,影响了商品的完好性,消费者可以申请换货。

(5)商家承诺。如果商家在商品页面或通过沟通承诺了换货服务,消费者可以根据商家的承诺申请换货。

但由于换货涉及寄回商品、商家检查退回的商品、商家重新发送新商品、新商品的运输和派送等多个环节,比较烦琐和耗费时间,部分商家会建议想要换货的消费者将不合适的商品选择退货退款,然后重新下单购买。在拼多多上申请换货的步骤如下所示。

老年人网络安全购物指南

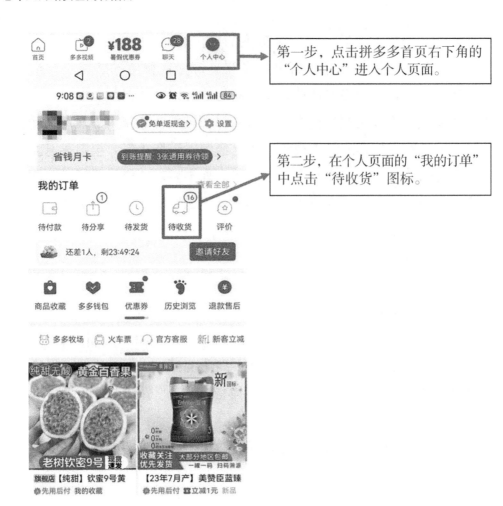

第一步,点击拼多多首页右下角的"个人中心"进入个人页面。

第二步,在个人页面的"我的订单"中点击"待收货"图标。

四、拼多多购物指南

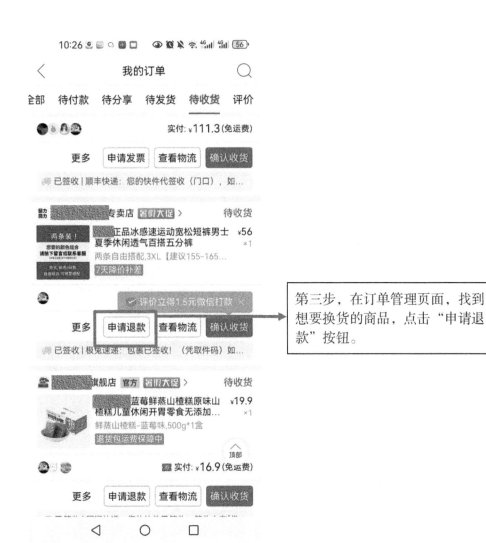

第三步，在订单管理页面，找到想要换货的商品，点击"申请退款"按钮。

老年人网络安全购物指南

第四步,点击"我要换货"按钮。

第五步,根据实际情况选择申请换货的原因。

四、拼多多购物指南

第六步，点击换新商品一栏右侧的箭头选择该商品的其他颜色、尺码。

在此处可以填写更详细的申请换货的原因并上传可以作为佐证的图片。

第七步，选择好要更换的产品后，点击"提交申请"按钮。后续退回商品的步骤和退货退款一致。

（十一）多多买菜

多多买菜是拼多多推出的一个社区团购服务，它允许用户通过拼多多平台购买新鲜的蔬菜、水果、肉类、海鲜等各类生鲜产品。用户购买的商品一般在下单付款后的第二天即可收货。该商品将配送到用户家附近的自提点（用户可以自己选择附近的自提点），用户需要去自提点自己取货。多多买菜具有以下六个特点。

（1）社区团购。用户可以在自己所在的社区参与团购，通常由社区团长负责组织和协调。

（2）次日达。用户当天下单，通常第二天就能收到商品，保证了生鲜产品的新鲜度。

四、拼多多购物指南

（3）价格优惠。由于是团购模式，用户可以享受到更优惠的价格。

（4）品类丰富。平台提供多种生鲜食品，满足用户的不同需求。

（5）便捷性。用户可以直接在拼多多App上下单，操作简单方便。

（6）售后服务。如果用户收到的商品有问题，可以享受拼多多提供的售后服务。

多多买菜"线上下单＋线下自提"的半预购模式，可以为消费者节省时间并提供便利，尤其是年纪较大的用户使用多多买菜可以避免去较远的菜市场或超市购物的麻烦，不失为独居长者购买日常生鲜产品的一个便利选择。在拼多多上使用多多买菜购买生鲜产品的主要操作方式如下。

1. 进入多多买菜与选择自提点

使用多多买菜不需要下载另外的App，直接在拼多多或微信小程序中即可使用。在微信中进入多多买菜小程序步骤如下所示。

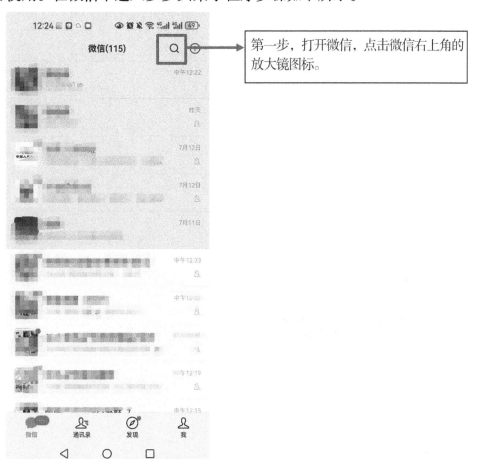

第一步，打开微信，点击微信右上角的放大镜图标。

老年人网络安全购物指南

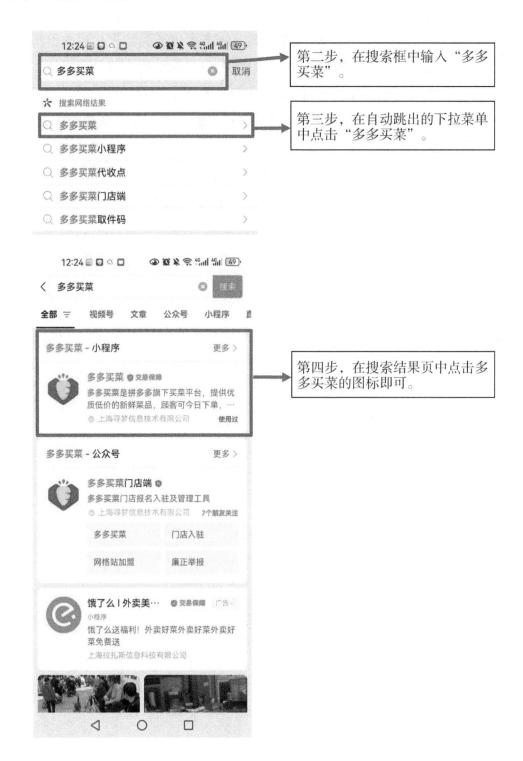

第二步,在搜索框中输入"多多买菜"。

第三步,在自动跳出的下拉菜单中点击"多多买菜"。

第四步,在搜索结果页中点击多多买菜的图标即可。

四、拼多多购物指南

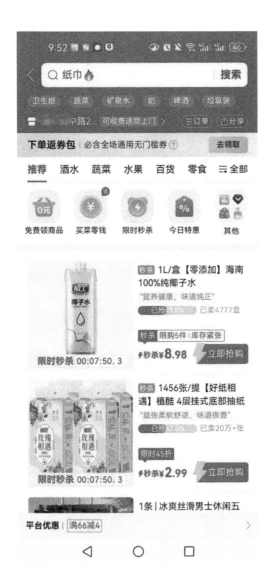

通过微信进入多多买菜后的页面。

老年人网络安全购物指南

通过拼多多 App 进入多多买菜的步骤如下所示。

在拼多多的首页点击"多多买菜"的图标即可。

四、拼多多购物指南

进入多多买菜后,用户可以设置或调整想要去提货的自提点。调整自提点的步骤如下所示。

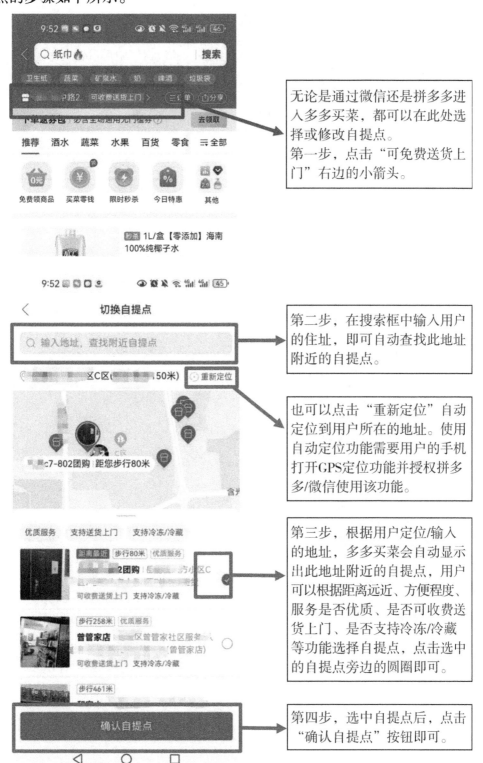

无论是通过微信还是拼多多进入多多买菜,都可以在此处选择或修改自提点。
第一步,点击"可免费送货上门"右边的小箭头。

第二步,在搜索框中输入用户的住址,即可自动查找此地址附近的自提点。

也可以点击"重新定位"自动定位到用户所在的地址。使用自动定位功能需要用户的手机打开GPS定位功能并授权拼多多/微信使用该功能。

第三步,根据用户定位/输入的地址,多多买菜会自动显示出此地址附近的自提点,用户可以根据距离远近、方便程度、服务是否优质、是否可收费送货上门、是否支持冷冻/冷藏等功能选择自提点,点击选中的自提点旁边的圆圈即可。

第四步,选中自提点后,点击"确认自提点"按钮即可。

159

老年人网络安全购物指南

2. 搜索商品

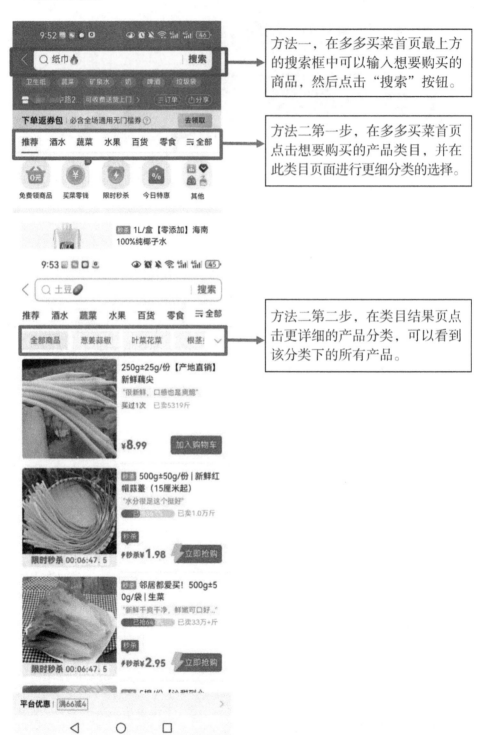

方法一，在多多买菜首页最上方的搜索框中可以输入想要购买的商品，然后点击"搜索"按钮。

方法二第一步，在多多买菜首页点击想要购买的产品类目，并在此类目页面进行更细分类的选择。

方法二第二步，在类目结果页点击更详细的产品分类，可以看到该分类下的所有产品。

四、拼多多购物指南

3. 下单购买

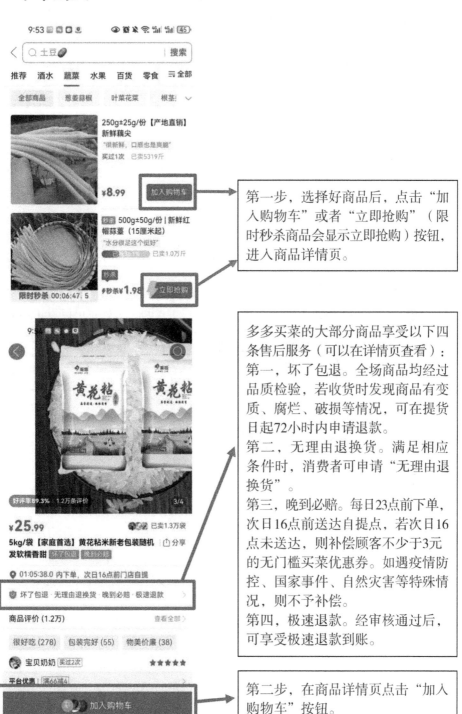

第一步,选择好商品后,点击"加入购物车"或者"立即抢购"(限时秒杀商品会显示立即抢购)按钮,进入商品详情页。

多多买菜的大部分商品享受以下四条售后服务(可以在详情页查看):
第一,坏了包退。全场商品均经过品质检验,若收货时发现商品有变质、腐烂、破损等情况,可在提货日起72小时内申请退款。
第二,无理由退换货。满足相应条件时,消费者可申请"无理由退换货"。
第三,晚到必赔。每日23点前下单,次日16点前送达自提点,若次日16点未送达,则补偿顾客不少于3元的无门槛买菜优惠券。如遇疫情防控、国家事件、自然灾害等特殊情况,则不予补偿。
第四,极速退款。经审核通过后,可享受极速退款到账。

第二步,在商品详情页点击"加入购物车"按钮。

老年人网络安全购物指南

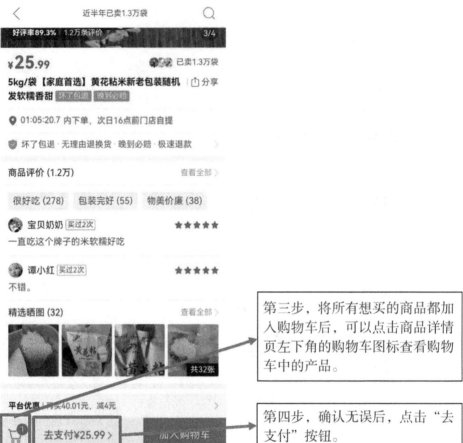

第三步，将所有想买的商品都加入购物车后，可以点击商品详情页左下角的购物车图标查看购物车中的产品。

第四步，确认无误后，点击"去支付"按钮。

四、拼多多购物指南

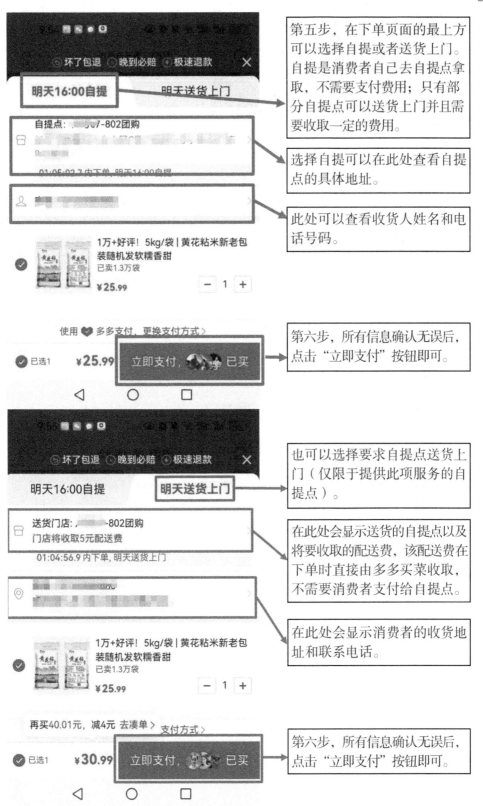

第五步，在下单页面的最上方可以选择自提或者送货上门。自提是消费者自己去自提点拿取，不需要支付费用；只有部分自提点可以送货上门并且需要收取一定的费用。

选择自提可以在此处查看自提点的具体地址。

此处可以查看收货人姓名和电话号码。

第六步，所有信息确认无误后，点击"立即支付"按钮即可。

也可以选择要求自提点送货上门（仅限于提供此项服务的自提点）。

在此处会显示送货的自提点以及将要收取的配送费，该配送费在下单时直接由多多买菜收取，不需要消费者支付给自提点。

在此处会显示消费者的收货地址和联系电话。

第六步，所有信息确认无误后，点击"立即支付"按钮即可。

老年人网络安全购物指南

选择自提点自提支付成功后将显示"明日16:00前往自提点提货"。

四、拼多多购物指南

选择送货上门支付成功后将显示"明日由门店送货上门",具体送货上门时间可以和门店联系并确认。

4. 查看订单

在多多买菜支付订单后可以通过多多买菜以及拼多多订单管理两种渠道查看订单。

(1) 通过多多买菜查看订单。具体步骤如下所示。

老年人网络安全购物指南

第一步,进入多多买菜首页,点击"订单"按钮。该按钮较小,老年人不太容易找到。

四、拼多多购物指南

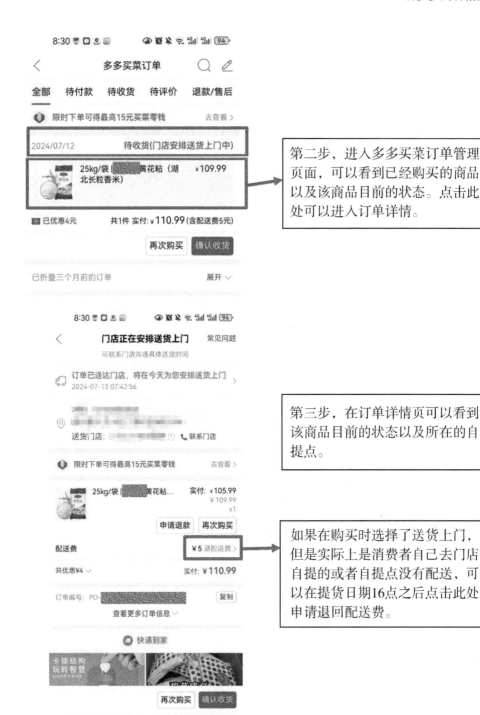

第二步,进入多多买菜订单管理页面,可以看到已经购买的商品以及该商品目前的状态。点击此处可以进入订单详情。

第三步,在订单详情页可以看到该商品目前的状态以及所在的自提点。

如果在购买时选择了送货上门,但是实际上是消费者自己去门店自提的或者自提点没有配送,可以在提货日期16点之后点击此处申请退回配送费。

老年人网络安全购物指南

（2）通过拼多多的个人页面"我的订单"查看多多买菜的订单。步骤如下。

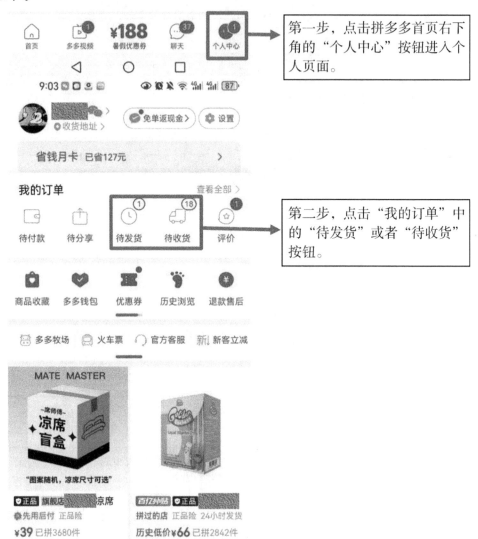

第一步，点击拼多多首页右下角的"个人中心"按钮进入个人页面。

第二步，点击"我的订单"中的"待发货"或者"待收货"按钮。

四、拼多多购物指南

第三步，在订单管理页面可以看到多多买菜的订单，后续操作与从多多买菜中查看订单一致。

老年人网络安全购物指南

5. 查看物流信息

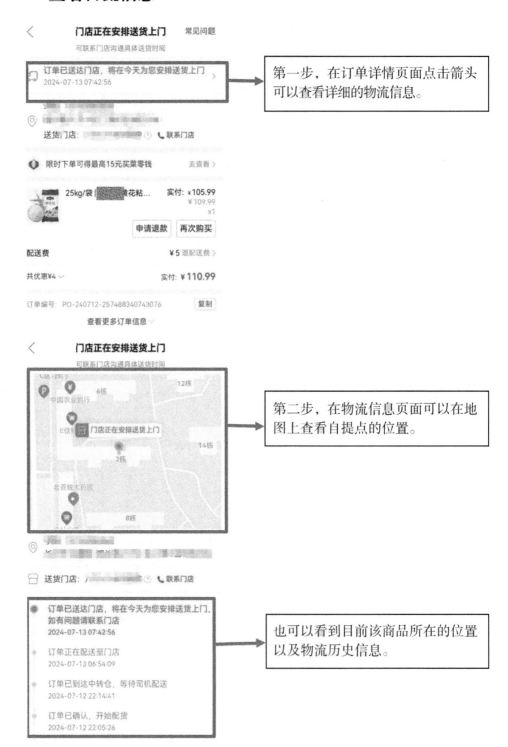

第一步，在订单详情页面点击箭头可以查看详细的物流信息。

第二步，在物流信息页面可以在地图上查看自提点的位置。

也可以看到目前该商品所在的位置以及物流历史信息。

四、拼多多购物指南

6. 退款

如果在多多买菜上购买的商品存在质量问题，例如不新鲜、损坏等，消费者可以申请退货。退货申请一旦被接受，退款通常会在几个工作日内返回至消费者的支付账户。但由于多多买菜上大部分商品为生鲜产品，生鲜商品具有保质期短、易腐烂等特点，多多买菜的退货政策相对严格，退货流程需要在订单详情页面提交退货申请，并说明退货原因。如果退货是因为商品质量问题或多多买菜的责任，多多买菜会承担相应的损失。然而，如果退货是由于买家的个人原因或非多多买菜的责任，可能会扣除一定的退货费用。多多买菜的退货流程如下所示。

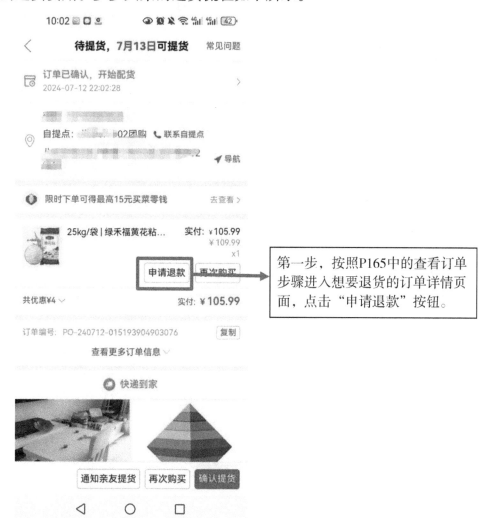

第一步，按照P165中的查看订单步骤进入想要退货的订单详情页面，点击"申请退款"按钮。

老年人网络安全购物指南

第二步，在申请退款页面选择好收货状态、申请原因并在问题描述框中用文字说明退货原因，并可以附上证明图片。

四、拼多多购物指南

提交退款申请后，拼多多平台需要一定时间进行审核（一般情况下，未发货订单的退款审核较快，已发货订单的退款审核较慢）。

退款申请审核通过后即可退款，同时退回该订单所使用的优惠券，消费者在优惠券的使用时效内可以再次使用该优惠券。

173

五、快递常见问题解决指南

在网上购物时由于所购买的商品需要通过快递包裹的形式邮寄给消费者，所以相比起线下实体店购物，快递问题是网购的常见问题之一。网购时常见的快递问题有以下十二点：

（1）快递延误。由于物流高峰期、天气原因、交通问题等因素，快递可能会比预期晚到达。

（2）包裹丢失。包裹在运输过程中可能会丢失，尤其是在物流高峰期。

（3）包裹损坏。由于运输过程中有些会遭到粗暴搬运，包裹可能会被损坏，导致商品受损。

（4）快递员服务态度差。快递员态度恶劣或服务不周到，影响消费者的购物体验。

（5）快递费用问题。存在快递费用过高或乱收费的情况。

（6）自提点问题。如自提点位置偏远、自提时间不便利、自提点服务态度差等。

（7）快递信息更新不及时。物流信息更新不及时，消费者无法实时了解包裹的运输状态。

（8）隐私泄露。快递单上的信息可能泄露个人隐私，如姓名、电话、地址等。

（9）虚假签收。包裹未送达但显示已被签收，导致消费者无法及时收到商品。

（10）快递包裹被拆。包裹在运输过程中被拆封，可能存在商品被偷换或丢失的情况。

（11）快递包裹被误送。包裹被送到了错误的地址，导致消费者无法及时收到商品。

五、快递常见问题解决指南

（12）快递公司不负责。快递公司对包裹丢失或损坏不负责，拒绝赔偿。

针对以上十二个问题，相对应的解决方式如下。

（一）催件

在网购时，很多原因都可能导致快递包裹的发出、运输和派送不及时，使消费者无法及时收取包裹。消费者在线上购物后，如果遇到以下情况，可以联系卖家或者承运包裹的快递公司进行催件。

（1）长时间未发货。商家在承诺的发货时间（发货时间会在商品详情页显示，一般不超过 48 小时，预售商品除外）内没有发货，或者超过了预计的发货时间。

淘宝上承诺48小时内发货的商品详情页。

老年人网络安全购物指南

拼多多上承诺48小时内发货的商品详情页。

拼多多上发货时间较长的预售商品（该商品承诺5天内发货）。

五、快递常见问题解决指南

（2）物流信息停滞。物流信息长时间没有更新，包裹似乎停留在某个地方不动。一般物流信息超过 72 小时未更新即可认为物流信息停滞（双十一、618 等大促除外）。

（3）临近自动确认收货时间仍未收到货。如果物流信息显示包裹已经在路上，但预计到达时间临近自动确认收货的时间，而消费者还没有收到货物。

（4）重要或急需商品。对于急需使用的商品，消费者会希望加快配送速度。

消费者可以通过以下方式进行催件。

（1）联系卖家。消费者可以通过购物平台联系卖家了解商品发货情况或物流状态并要求卖家帮忙催件。

（2）使用平台功能。使用购物平台提供的催件或提醒发货的功能（拼多多和淘宝都有），可以在订单详情页面找到并使用。以拼多多为例，在订单管理页面催发货的具体步骤如下所示。

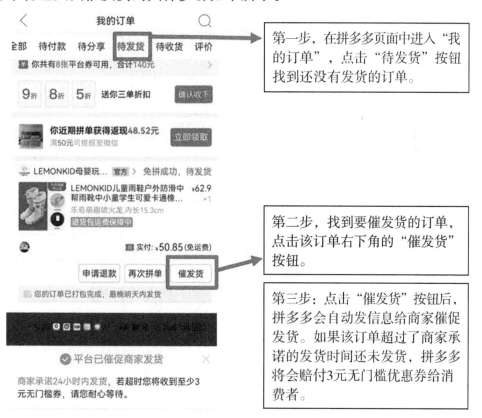

（3）联系物流客服。如果商品已发货，但是在运输或派送途中停滞不动，可以拨打快递公司的客服电话联系快递公司的客服，了解具体情况并催件。网上购物常用快递公司的客服电话如下所示。

快递公司	客服电话	客服在线时间	转人工客服流程（非标准流程，仅供参考）
顺丰	95338	周一至周日08：00—21：00	按照语音提示操作：说"人工客服"—说出要查询的快递单号数字部分—说"人工客服"即可。如果该快递签收时间在7天内，则无需说出要查询的数字部分，而自动转接人工客服
京东	950616	周一至周日08：00—22：00，各地标准不一，详情咨询网点	按照语音提示操作：说出要咨询的问题，比如"包裹破损"—若对自动解答不满意，则说"转人工"即可转接人工服务
菜鸟速递	956160	周一至周日09：00—21：00	按"5"—一句话描述问题—若描述的问题机器人客服无法解答，则转接人工客服
德邦	95353	周一至周日08：00—21：00	说"转人工"—说自己的问题—如对机器人客服解答不满意，则说"转人工"即可转接人工客服
圆通	95554	周一至周日08：00—22：00	说"转人工"—说订单号的后四位—说"转人工"。如果没有快递单号则无法转接人工客服

续表

快递公司	客服电话	客服在线时间	转人工客服流程（非标准流程，仅供参考）
中通	95311	周一至周日08:30—20:30	说出问题—机器人客服无法解答会自动转接人工客服
申通	95543	周一至周日08:30—20:00	说出问题—说出完整的快递单号—说"转人工"即可转接。如果没有快递单号则无法转接人工客服
韵达	95546	周一至周日24小时在线，各地不同，详询网点	按键1—说"转人工"—再说"转人工"即可
极兔	956025	周一至周日08:30—20:00，各地不同，详询网点	说"转人工"—再说"转人工"—说出完整快递单号—再说出"转人工"即可。如果没有快递单号则无法转接人工客服
EMS	11183	周一至周日08:00—20:00	说"转人工"—"具体问题"—再说"转人工"即可
邮政	11185	周一至周日08:00—20:00	说"转人工"—说"快递业务"—说出具体问题

在联系快递公司的官方客服时，由于各大快递公司都设置了比较复杂的机器人客服接待流程，所以消费者需要保持耐心，仔细听清楚语音提示，按照步骤操作才可以成功联系到人工客服。

如果是天气等非人为因素导致的快递延误，催件只能向快递公司表达自己急切的心情，而不能真正解决问题。如果快递运输的确过于迟缓，消费者可以联系卖家说明原因后要求重新发货或申请仅退款后重新购买，原有包裹要求卖家截回或者到货后消费者进行拒收。

（二）丢件

快递丢件是指在快递运输过程中，包裹丢失或无法找到的情况。这种情况可能发生在包裹从卖家发出后到买家收到之前的任何一个环节。以下是处理快递丢件的一些步骤。

（1）确认包裹状态。消费者可以通过快递单号在快递公司官网或相关查询平台上查询包裹的最新状态，以确认包裹是否真的丢失。

（2）联系卖家。如果怀疑包裹丢失，消费者可以及时联系卖家说明情况。卖家会通过内部渠道进行核实，如果核实包裹的确丢失，卖家会进行补发或者全额退款。

（3）联系快递公司。除了联系卖家外，消费者也可以联系快递公司的官方客服，提供快递单号和相关信息，询问包裹的具体位置和丢失原因。快递公司会进行进一步的内部调查，并根据丢件的原因和情况进行赔付。

（4）申请赔偿。如果无法进行补发或退款，消费者可以要求快递公司进行赔偿，不同的快递公司有不同的赔偿政策，通常需要提供相关的证据和材料。

（5）投诉。如果快递公司处理不当或无法提供满意的解决方案，消费者可以通过相关平台（比如拨打中国邮政业申诉服务电话12305）或消费者协会进行投诉，由国家相关部门介入进行调查并保护消费者的正当权益。投诉快递公司的具体操作见P194。

（三）包裹破损

在线上购物时，可能由于各种原因导致商品的包裹在运输途中破损，导致商品丢失、被污染或者被破坏。导致包裹破损的常见原因有以下五种：

（1）运输过程中的不当操作。快递在运输过程中可能会遇到粗暴搬运、摔打等情况，导致包裹破损。

（2）包装不当。卖家在包装时没有采取足够的保护措施，包裹在运输过程中容易受损。

（3）天气和环境因素。极端天气条件如高温、严寒、潮湿等，可能会影响包裹的完整性。此外，运输过程中的长时间暴露也可能导致包裹受损。

（4）快递单信息填写不准确。如果快递单上的信息填写不准确或不完整，可能会导致包裹在运输过程中被误处理，从而增加破损的风险。

（5）包裹在代收点放置不当或长时间没有领取导致破损。

《中华人民共和国民法典》规定，在商品签收前，货物损坏或损毁的责任由商家承担。所以消费者在亲自签收或在菜鸟驿站等代收点出库前要仔细检查，一旦发现包裹有破损，要及时向商家反馈并拒收该破损的包裹。贵重物品最好亲自验货后再签收，不要放在代收点。

如果发现快递包裹破损，消费者可以按照以下步骤进行处理。

（1）检查包裹。在签收前，仔细检查包裹的外包装是否有破损、变形或被打湿等情况。如果发现异常情况一定不要签收，也不要打开。

（2）拒收并记录。如果发现包裹有明显破损，可以当场拒收，并要求快递员记录破损情况。

（3）拍照留证。第一时间对破损的包裹进行拍照，留存证据，包括快递单号、破损部位等。除此之外，消费者最好保留好所有与交易和运输相关的证据，包括订单信息、支付凭证、快递单据、破损照片等，以备不时之需。

（4）联系卖家。及时与卖家沟通，说明情况，并提供破损包裹的照片作为证据。

（5）申请退款或补发。根据卖家的售后服务政策，申请退款或要求卖家重新发货。如果只是包裹破损，内里物品无损坏或只是部分丢失，也可以要求一定赔偿。

（6）平台介入。如果卖家未能给出满意的解决方案，可以请求网购平台官方介入处理。

（四）费用问题

在线上购物时，大部分商品都是包邮（即商家承担运费），消费者无须支付快递费用。但在某些特殊情况下，比如商品不包邮、消费者要求转寄其他收件地址、包裹被放置在代收点或快递柜产生了服务费、在没有退货运费险的情况下因消费者自身原因退换货等，可能需要消费者承担部分或全部运费。部分消费者会因为对运费构成不熟悉、错误估计包裹重量或体积等原因产生额外快递费用。遇到这种问题的一般解决方法如下。

（1）了解费用构成。快递费用的构成包括基础运费、重量或体积附加费、偏远地区附加费等。部分包裹（比如棉被、泡沫等）虽然重量不重，但是所占体积较大（一般长、宽、高三边之和超过1米），快递公司对这类包裹是按体积而非重量计费的。消费者可以访问快递公司的官方网站或者联系官方客服来核实收费标准。下表是常用的快递公司按体积收费的标准。

快递公司	客服电话	按体积收费标准
顺丰	95338	计费重量取实际重量和体积重量中的较大值
京东	950616	各地标准不一，详情需要咨询收件网点
德邦	95353	按体积和重量中较大的那个收费。体积与重量的折算公式为：体积重量（千克）= 长（厘米）× 宽（厘米）× 高（厘米）/6000
圆通	95554	长、宽、高三边长之和超过90厘米，则按体积收费
中通	95311	按体积和重量中较大的那个收费，体积与重量的折算公式为：体积重量（千克）= 长（厘米）× 宽（厘米）× 高（厘米）/6000

续表

快递公司	客服电话	按体积收费标准
申通	95543	长、宽、高三边长之和超过 2.5 米或单边长超过 1.5 米，则按体积收费
韵达	95546	各地标准不一，详情需要咨询收件网点
极兔	956025	各地标准不一，详情需要咨询收件网点
EMS	11183	单边长超过 60 厘米，则按体积收费
邮政	11185	单边长超过 60 厘米，则按体积收费

（2）核对运单信息。检查运单信息，确认商品的重量、体积和配送地址是否与运费计算相符。检查快递员是否弄错了包裹的重量或者体积。

（3）了解运费中是否包括了额外的包装费用、保险费用等隐藏费用。如果是消费者自己完成的打包则不需要支付包装费，保险费也是由消费者自由选择是否购买。如果有不合理的附加费用，消费者可以要求取消。要特别注意的是，部分老年人喜欢在直播间购买保健品或者收藏品，为了获取信任，这类商品往往在购买时不需要支付，而是等快递送到消费者手中后由快递员代收货款，这类快递可能需要支付代收货款服务费。还有部分消费者收货地址过于偏远，可能需要支付偏远地区附加费。

（4）消费者在退换货前要充分了解商家的退换货政策，包括是否承担退换货的运费，以及退换货的流程。

（5）消费者如果发现运费计算有误或有疑问，应该保留好订单信息、聊天记录和快递单据等凭证，及时联系商家客服或者快递公司的官方客服，说明情况并寻求帮助。

（6）除以上情况外，商家或快递公司可能不定期调整运费政策，导致消费者在不同时间购买相同商品时运费不同。

（五）菜鸟驿站取件

由于网络购物的发展，包裹数量过多，快递员没有充足的时间和精力逐个将包裹派送上门；除此之外，大部分消费者在工作时间并不在家。为了保证包裹的安全和及时送达，大部分快递包裹是放置在收货地址附近的菜鸟驿站、其他代收点或者快递柜，由消费者自行去领取。但是，根据国家规定，将快递放置在菜鸟驿站等代收点必须征得消费者的同意，消费者有权拒绝将包裹放菜鸟驿站并要求快递员送货上门。在菜鸟驿站的取件流程如下所示。

（1）收到取件通知。当包裹到达菜鸟驿站后，消费者通常会收到一条短信或应用推送的通知，告知您快递已到达并可以取件。

收件人也可以自己去购物平台的订单管理中查看包裹目前所在的驿站以及取件码。

五、快递常见问题解决指南

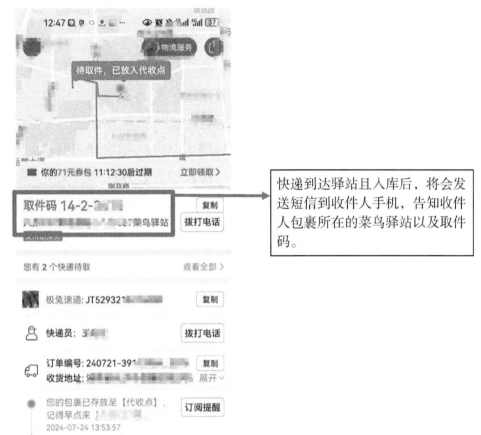

快递到达驿站且入库后，将会发送短信到收件人手机，告知收件人包裹所在的菜鸟驿站以及取件码。

（2）查看取件码。取件通知中通常会包含一个取件码，这是取件时必须提供的信息。

（3）到驿站取件。根据通知中的地址，消费者前往指定的菜鸟驿站。部分驿站取件时需要出示有效身份证件或者电子运单，所以取件时需要携带有效身份证件，如身份证、护照等，以便驿站工作人员核实身份。

（4）到达驿站后，部分驿站需要消费者根据取件码去货架上寻找并拿取包裹，拿到包裹后在扫描台上扫描快递面单出库。如果找不到包裹或者没有收到取件码，可以咨询驿站工作人员。而另外一部分驿站则由消费者告知工作人员取件码，驿站工作人员负责找件和出库。

在菜鸟驿站取件需要注意取件时间，菜鸟驿站通常有固定的营业时间，请在营业时间内前往取件。此外，如果长时间未取件，驿站可能会收取一定的保管费，或者到一定时间后将包裹退回发件人。

185

老年人网络安全购物指南

（六）查件

在购物平台的订单管理中可以查看在该平台购买的某一订单的包裹情况，而无法对不同平台购买的大量包裹进行统一查看和管理。为了解决这一问题，消费者可以使用第三方快递管理工具，比如快递100、支付宝中的菜鸟裹裹等对自己手机号码下的所有快递包裹进行查看。使用菜鸟裹裹查件的具体步骤如下所示。

五、快递常见问题解决指南

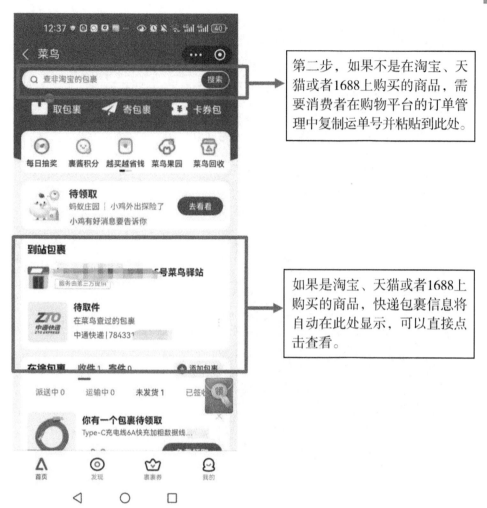

第二步，如果不是在淘宝、天猫或者1688上购买的商品，需要消费者在购物平台的订单管理中复制运单号并粘贴到此处。

如果是淘宝、天猫或者1688上购买的商品，快递包裹信息将自动在此处显示，可以直接点击查看。

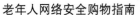

第三步,菜鸟裹裹会自动读取消费者复制的运单号并弹出对话框,点击"查询"按钮。

五、快递常见问题解决指南

如果菜鸟裹裹没有自动读取复制的运单号，消费者需要手动粘贴并点击查询按钮。

第四步，点击"物流明细"可以查看更加详细、具体的快递信息。

189

老年人网络安全购物指南

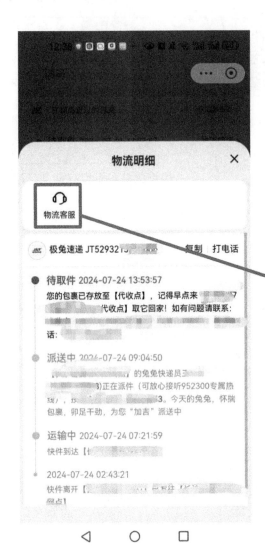

第五步，查看具体的快递信息，如果有疑问可以直接点击"物流客服"的按钮在线联系快递公司的客服。

五、快递常见问题解决指南

在菜鸟裹裹上查询过的包裹都会自动同步和显示到菜鸟裹裹首页，方便消费者下次查看。消费者去菜鸟驿站完成取件或确认收货后，此包裹的信息将自动隐藏。

（七）隐私泄露

快递泄露隐私是一个日益严重的问题。随着电子商务的快速发展，快递业务量不断增长，个人信息保护面临严峻挑战。快递行业严重的隐私泄露问题甚至导致了被称为"快递客服诈骗"的诈骗方式的出现。为此，快递行业采取了一些措施来保护用户的隐私信息。一些快递企业推出了"隐私面单"服务，通过隐藏个人姓名、地址和手机号等内容，从源头阻断不法人员窃取用户个人信息的渠道。例如，顺丰快递单上手机号中间4位数字被*代替，圆通快递单上名字和地址被*代替，京东快递单上手机号被替换成虚拟电话号码。此外，国家邮政局、公安部、国家网信办联合开展了邮政快递领域个人信息安全治理专项行动，2022年共破获窃取、贩卖快递信息案件206起，有效提升了寄递企业信息安全管理水平。然而，尽管有这些措施，快递业泄露用户个人信息的现象依然存在。部分快递企业在用户寄件时将隐私保护服务作为非常规选项，需要用户手动勾选才会开启，这导致隐私保护服务尚未全面普及。此外，快递、电商行业成为信息数据泄露的"重灾区"，不法分子可能通过利益诱惑，诱使内部人员违规出卖用户个人数据，或者采用技术手段攻击企业数据库。

消费者在接收和处理快递包裹时，可以采取以下一些措施来防止个人信息泄露：

（1）使用隐私面单服务。选择提供隐私面单服务的快递公司，这样你的姓名、电话号码和地址等敏感信息会被隐藏或部分隐藏。

（2）手动隐藏信息。在丢弃快递包装前，手动将面单上的信息涂黑或撕毁，确保个人信息不被他人获取。

（3）选择安全的收货地址。尽量避免将快递寄送到详细的工作单位或家庭住址，可以选择附近的快递柜或代收点。

（4）监控快递状态。通过快递公司提供的服务，实时监控包裹状态，确保在包裹到达时能够及时取走。

（5）避免公开分享。不要在社交媒体上公开分享含有快递单号或个人信息的图片。

（6）使用虚拟号码。如果快递公司提供虚拟号码服务，使用该服务代替真实的电话号码。

（7）提高警惕。对于任何要求提供个人信息的请求，都要保持警惕，确保信息只在必要时提供给可信赖的一方。不相信非官方的关于快递遗失之类的赔偿，即使对方清楚收件人的姓名、电话号码、收件地址甚至身份证号码等信息，也不要轻易相信，而应该第一时间拨打快递公司官方客服电话进行核实。

（八）虚假签收

快递虚假签收是指快递员在未获得收件人同意的情况下，将快递包裹擅自存放在收件人家门口、快递驿站、快递超市或其他存放点，并在系统中将快递状态标记为"已签收"的行为。这种现象可能由多种因素造成，常见原因有快递员为了提高派件效率、快递公司为了降低成本，以及部分小区不允许快递员进入等。虚假签收不仅侵犯了消费者的权益，还可能引发包裹（尤其是贵重包裹和生鲜包裹）损坏、丢失等责任问题。为了解决这一问题，新修订的《快递市场管理办法》规定，未经用户同意，快递企业不得代为确认收到快件，不得擅自将快件投递到智能快件箱、快递服务站等快递末端服务设施。违反此规定的快递企业可能会受到警告、通报批评甚至罚款等处罚。如果遇到虚假签收，消费者可以按照以下方式进行处理：

（1）核实情况。检查物流信息，确认是否显示为"已签收"，并确认自己或代收人是否实际收到包裹。

（2）联系快递员。如果确定该包裹并未被自己或家人签收，则应尽快与负责派送的快递员联系，了解包裹的具体情况。同时，消费者最好保留相关证据，如物流信息、通话记录、短信等，以便在必要时进行维权。

（3）联系快递公司。如果快递员无法解决问题，消费者可以联系快递公司的客服进行投诉，要求将包裹在特定时间送上门。与快递公司的沟通过程也最好使用电话录音等方式保留下来。

（4）如果快递公司未能给出满意答复，且问题迟迟没有解决，消费者可以向邮政管理部门进行投诉。

（5）联系卖家。如果是通过电商平台购买的商品，消费者需要及时通知卖家情况，可能会涉及退货或补发。

（九）包裹误送

包裹误送是指快递在配送过程中，由于各种原因（如地址错误、分拣错误、运输错误等）导致包裹没有被送到指定的收件地址，而是被送到了错误的地点或收件人处，这种情况可能会导致收件人无法按时收到包裹。如果发生了包裹被误送的情况，消费者可以按照以下步骤处理：

（1）核实信息。消费者要先确认自己提供的收件信息是否准确无误。有时候会由于消费者自己的疏忽导致网购下单时选择了错误的收货地址。如果是这种情况导致的包裹被误送，责任在消费者自己，可能需要消费者自己去领取包裹。

（2）联系服务提供商。如果消费者所留的地址正确，但包裹被误送至其他地点，消费者可以联系快递员或快递公司，说明误送情况，并提供相关的包裹信息，如运单号。

（3）纠正错误。消费者可以与快递员或者快递公司协商，要求他们采取措施将包裹重新派送到正确的地址。

（4）索赔。如果包裹在误送过程中丢失或损坏，消费者可以向快递公司索赔。如果快递公司不愿意处理或不能提出让消费者满意的处理方案，消费者可以向邮政管理部门进行投诉。

（十）投诉快递公司

如果在网购时遇到快递问题而且快递公司无法解决或者无法提供令人满意的处理方案，消费者可以向国家邮政局投诉快递公司，由政府管理部门介入进行调解和处理。在向国家邮政局进行投诉前，消费者需要联系快递公司的客服部门进行投诉，在投诉时，消费者需要明确表达自己的问题和期望的解决方案，并告知如果问题不能在规定时间内得到解决，将向更高级别的监管机构投诉。在投诉过程中，请确保提供准确的个人信息和详细的申诉理由及相关证据，以便快递公司或邮政管理部门能够有效处理投诉。向国家邮政局投诉快递公司的常见方式有以下三种：

（1）国家邮政局申诉网站。如果对快递公司的处理结果不满意或投诉超过7天未得到处理，消费者可以登录国家邮政局申诉网站（http://sswz.spb.gov.cn/）提交申诉，投诉时需要注册账号并按照表单填写申诉信息。

五、快递常见问题解决指南

第一步，进入网站后，如果没有使用过该网站，则需要先点击右上角的"立即注册"按钮进行账号注册。

第二步，在注册页面，需要提供真实姓名、电子邮箱（投诉处理结果会发送到这个电子邮箱）、真实身份证号码、手机号码等信息进行注册。

如果有账号，则直接使用账号和密码登录即可。需要注意的是，如果忘记了账号和密码，该网站会建议用户使用微信公众号进行投诉。

（2）邮政行业消费者申诉电话。消费者可以拨打邮政行业消费者申诉电话"12305"进行投诉。该电话服务时间为每个工作日的8：30至17：30。

（3）微信公众号。消费者还可以关注国家邮政局申诉中心微信公众号"yz12305"进行投诉。操作步骤如下所示。

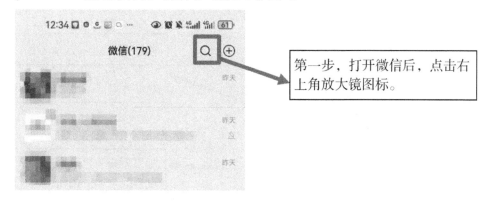

第一步，打开微信后，点击右上角放大镜图标。

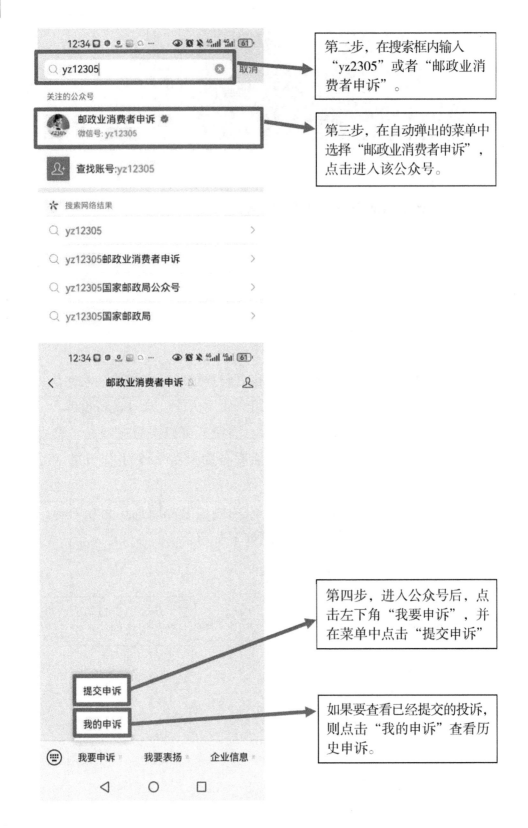

五、快递常见问题解决指南

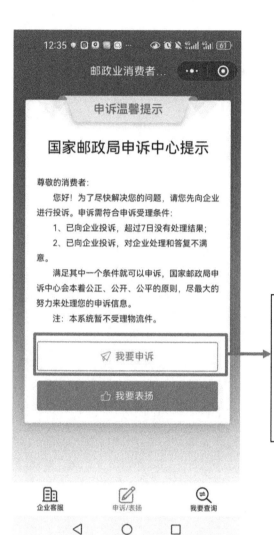

第五步，点击"我要申诉"按钮。需要注意的是，并不是任何情况都可以直接找邮政管理部门进行申诉，邮政管理部门的申诉受理条件为已向企业投诉但超过7天没有处理结果，或者对企业的处理结果不满意。

老年人网络安全购物指南

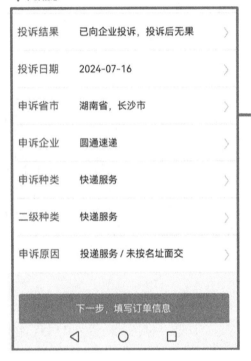

第六步,填写申诉的基本信息。填写完成后点击"下一步,填写订单信息"按钮。

五、快递常见问题解决指南

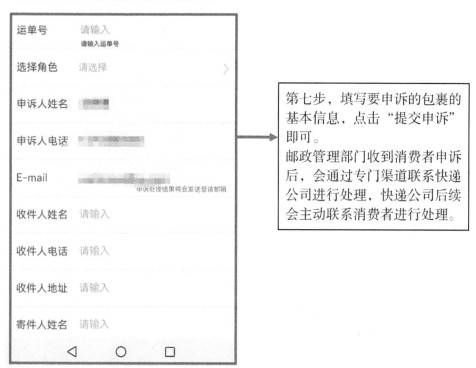

第七步,填写要申诉的包裹的基本信息,点击"提交申诉"即可。
邮政管理部门收到消费者申诉后,会通过专门渠道联系快递公司进行处理,快递公司后续会主动联系消费者进行处理。

由于邮政业会对各大快递公司引起申诉的包裹采取较为严厉的惩罚措施和罚款,所以不建议消费者频繁、任意地使用此种方式维权。最佳方式还是与快递员和快递公司沟通处理,只有到万不得已的时候才求助国家管理部门。

(十一)拒收

网购包裹到达代收点或者在派送时,都有可能被收件人拒收。拒收是指收件人在快递公司将包裹送达时拒绝接收该包裹。拒收快递后,包裹通常会被退回给寄件人,并且可能会涉及额外的运费。导致拒收的常见原因

199

有以下四点：

（1）包装或物品损坏。如果包裹在运输过程中受损，收件人可能会选择拒收。

（2）错误地址。如果包裹被错误地投递到非收件人的地址，收件人可能会拒收。

（3）物品不符。如果收到的物品与订单不符，收件人可能会拒收。

（4）个人原因。收件人可能因为个人原因，如后悔购买、不需要该物品等，选择拒收。

拒收快递的方式非常简单，只需要收件人联系代收点工作人员或者派件的快递员明确表示要拒收某包裹（需要告知工作人员或快递员要拒收的包裹的快递单号）即可。后续快递员将操作拒收程序，将包裹退回给发件人。但在网购中，在拒收包裹前，收件人最好联系卖家说明情况，避免产生纠纷。

（十二）到付

"到付"是快递和物流行业中的一个术语，全称是"到货付款"，是指快递或物流公司将货物送达收件人处时，收件人再支付相应的费用。具体来说，到付有以下四个特点：

（1）付款时间。费用在货物送达时支付，而不是在下单时或者发货时支付。

（2）付款对象。费用由收件人支付，而不是寄件人。

（3）适用范围。适用于一些需要在收到货物后确认商品质量或数量的交易，或者在交易双方约定货到付款的情况下。

（4）费用构成。到付的费用可能包括运费、保价费等，具体费用会根据快递公司的规定和货物的实际情况而定。

网购中到付的情况很少见，一般只有在买家要求到付或者需要快递公司代收货款的情况下才会产生到付包裹。

六、老年人网络诈骗防范指南

随着网络购物和在线社交、自媒体的兴起，网络上的信息层出不穷，内容也良莠不齐，大量不真实甚至带有不良引诱的信息充斥着人们的生活。不法分子甚至利用网络的匿名性和广泛传播性设置各种陷阱进行诈骗。老年人由于对网络技术的了解和掌握不充分，缺乏对线上信息的鉴别能力且法律意识相对淡薄，很容易成为诈骗分子诈骗的目标，针对老年人的诈骗手段层出不穷，每年都有大量老年人上当受骗，造成巨大的财务损失。目前，在我国互联网上，比较常见的诈骗形式有以下二十一种。

（一）诱导"投资养老"诈骗

随着我国经济社会进一步发展，老龄化程度不断加深，许多"有钱有闲"的老年人面临着子女工作繁忙，无法时时陪伴照顾的境遇。许多老年人本着"不给子女添加负担"的想法，希望可以自行解决养老的问题。一些不法分子利用老年人寻求养老保障的心理，以提供养老服务、投资养老项目等名义实施诈骗犯罪。不法分子主要以预售养老床位、虚构养老服务项目等名义集资；以开办养老院、购买养老公寓、入股养生基地等为由，承诺高额回报；以"以房养老"名义，诱骗老年人抵押房产投资；伪造国家重点养老项目，骗取投资等方式进行诈骗。具体案例如下。

1. 肖某俊、陈某、蔡某集资诈骗案（养老基地诈骗）

肖某俊、陈某与蔡某（三人均已判刑）共谋以开展养老服务之名实施非法集资，先后成立自贡益某园养老服务有限公司、四川归某养老服务有限公司，并在四川省自贡市、内江市、攀枝花市等地设立分公司或营业网点。三人明知公司无融资资质,"养老基地"不可能建成使用,仍安排融资团队以养老服务为名义,采取打电话、发传单、推介会、口口相传等方式,辅以发礼品、参观"养老基地"等手段,在自贡市等地公开集资,承诺支付每月1%～3%的固定收益、享有养老基地优先居住权和折扣及期满后返还本金,与集资参与人签订《预存消费协议》《预存合同》等,收取预存消费款,共吸收189名老年人562万余元。融资团队从集资款中提成45%～50%,其余除用于公司运转外,被肖某俊、陈某和蔡某等人分赃。

防骗启示:广大老年人要选择具有正规资质的养老服务机构,发现犯罪分子以"养老服务"的名义进行非法集资的,要不听、不信、不参与,并及时向有关部门提供线索。同时,相关部门要规范养老服务行业准入制度,加强行业监管,保障养老服务行业健康发展,为广大老年人安享幸福晚年营造良好环境。老年人要谨慎投资高额返利项目,多与子女沟通商量,投资"养老项目"时要"三看一抵制",一看"养老项目"是否有登记、备案,二看"养老项目"是否真实合法,三看"养老项目"收益是否符合市场规律;抵制高利诱惑,拒绝非法集资,捂紧"钱袋子"。

2. 蔡某集资诈骗案("养老公寓"诈骗)

蔡某伪造身份化名陈伟,虚构其资金雄厚的事实,在湖南成立养老产业有限公司及关联公司,未经金融监管部门依法批准,安排员工以开发养老公寓项目等名义对外宣传,吸引投资,承诺异地养老消费、优惠购买养老公寓床位使用权或产权、三年后退本还息。一些老年人被蔡某提供的"资质材料"、"免费旅游"广告、公司的路标指示牌甚至"相关领导来公司考察"等宣传迷惑,认为可以放心交钱订房订床位。截至案发时,蔡某累计向1442名不特定对象非法集资7949.39万元,除支付部分客户到期投资本金及收益回报3710.68万元外,尚有4238.71万元无法归还。

防骗启示:①时刻绷紧"投资有风险"这根弦,切勿相信所谓的"稳赚不赔""无风险、高收益",不投资业务不清、风险不明的项目。②选正规机构、走正规渠道,在购买投资理财产品前,多咨询正规金融机构的专业人员,多与家人商量,对投资活动的真伪、合法性进行了解和判断。③面对在建养老工程项目，建议查验相关手续是否齐全。④注意保护个人信息，慎重对待合同签署环节，不在空白合同上签字，不随意提供身份证号、银行卡号、密码等重要信息，以防被非法使用。

3. 沈某平集资诈骗、顾某祥非法吸收公众存款案（"以房养老"诈骗）

沈某平先后成立、收购上海俐某金融服务信息有限公司（以下简称"俐某公司"）、上海灿某融资租赁有限公司（以下简称"灿某公司"），以投资经营德国米某山奶粉、长某发公司等项目为幌子，以承诺高息回报为诱饵，通过借款方式向社会公众募集资金。2016年下半年，沈某平推出"以房养老"项目，引诱投资客户将房产抵押给小额贷款公司获取抵押款，再将抵押款转投灿某公司。被告人顾某祥为获取好处费，明知沈某平通过俐某公司、灿某公司向社会不特定公众吸收资金，而引诱并帮助老年客户将房产抵押给小额贷款公司获取抵押款，再将抵押款转借给沈某平。截至案发，沈某平共计吸收资金2.98亿余元，造成集资参与人经济损失1.68亿余元。顾某祥参与房产抵押17套，帮助沈某平吸收资金5450万元，未兑付总额5006万余元。顾某祥投案后其家属退赃2954万余元。

这个案例是以宣称"以房养老"为名侵害老年人合法权益的典型犯罪案件，该类犯罪主要表现为以"房本在家无用""不耽误自住或出租"等类似话术为借口，诱骗老年人签订房产抵押担保的借贷合同或相关协议，将抵押房屋获得的资金购买其推介的所谓理财产品，借助诉讼、仲裁、公证等手段，非法占有老年人房屋。"以房养老"作为解决人口老龄化问题、缓解社会及家庭养老压力的可行方式，引起了社会广泛关注。然而，一些不法分子打着国家政策的旗号，制造"养老恐慌"，利用老年人金融防范意识较差的特点，恶意设套，借"以房养老"实施非法集资。被告人沈某平、顾某祥诱使老年人抵押房屋以获得资金，再购买所谓高收益理财产品，最终因理财公司资金链断裂，房屋被行使抵押权，老年人落得"钱房两空"。

防骗启示：老年人要增强金融风险防范意识，投资理财时不要盲目被高收益诱惑；同时，子女也要关心、照顾老人，国家、社会、家庭和个人联动起来,最大限度地挤压犯罪分子"行骗空间",让养老诈骗无处遁形,守护老年人幸福晚年。

4. 股权投资、基金理财诈骗

近年来,股权投资正成为老年人的投资热点,但其高收益的背后通常伴随着高风险。而老年人缺乏对股权、基金等较为复杂的投资理财项目的专业知识,往往容易受到销售人员口头承诺或者不实描述的诱导,在没有完全理解合同条款和关于投资、利息、分红、赎回等各项重要规则的情况下,购买了与自身承受能力不相符的高风险产品,最后连投资本金都亏损殆尽。

案例:2015年11月,六旬老人赵某与基金管理人某投资管理公司、某证券公司签订基金认购合同,约定赵某以150万元人民币认购某股权投资基金份额。同月,某投资管理公司的分公司向赵某出具《联保书》,保证若因标的项目未上市造成收益损失,则以年化收益率12%回购赵某所持有的某股权投资基金份额。该分公司于2018年11月注销,基金合同约定的三年投资期限过后,目标公司未能上市,赵某诉至法院,要求某投资管理公司履行《联保书》约定的义务,回购其认购的基金份额并按约定利息支付基金转让收益款。

防骗启示:老年人要树立正确的理财观,以保本为原则,合理配置资产,分散投资风险,切勿把大部分资金投入到高风险型产品中。同时,在签订合同时要认真阅读核心条款,明确权利义务,充分进行风险评估。此外,相关部门要围绕基金、信托、国债、保险、股权投资等加强金融理财产品的设计开发,支持开发适合老年人并具有长期性、稳定性、安全性的金融产品。

5. 健康保险的理赔纠纷

商业健康险因其具有经济补偿和社会救助功能,成为老年人抵御疾病风险、防止因病返贫的重要手段。近年来,随着人口老龄化的加剧,老年人正成为商业健康保险的重要消费群体,但由于老年人缺乏对保险及其相关知识的认知,盲目信任部分无良保险销售人员的虚假宣传,购买保险后又缺乏处理出险和理赔相关事宜的知识和能力，很容易在购买健康保险和后续理赔中受到欺骗，产生纠纷。

2018年，张某明之女王某平作为投保人，张某明作为被保险人在某保险公司中心支公司签订了一份名称为"养老无忧老年防癌疾病保险，附加住院每日补贴医疗保险、附加住院费用补偿医疗保险"的保险合同，保险人为某保险公司中心支公司。2020年，张某明骑电动车回家途中不慎摔倒，住院治疗28天，出院记录为"左腿闭合性胫骨平台骨折"，支付医疗费总额2万余元。出院后，张某明按合同约定向某保险公司中心支公司提出理赔申请，却被告知因其在投保前患有疾病，以故意或重大过失未履行如实告知义务为由要求解除保险合同并拒不履行理赔义务。之后，张某明起诉至法院要求某保险公司中心支公司支付保险费用。

防骗启示：老年人购买商业保险时要确认保险销售人员的资质，多征求家人意见，综合考虑自身经济承受能力，量力而行，遵守最大诚信原则，如实告知身体健康状况，审慎签订保险合同，提高维权意识。此外，国家应当适当放宽老年人购买商业保险的年龄限制，保险机构应当丰富商业保险产品供给和提升服务质量。同时，有关部门要研究探索老年金融消费者权益保护特别立法，金融管理部门、金融机构要建立和完善金融消费投诉处理机制，形成包括和解、调解、仲裁和诉讼在内的金融消费纠纷多元化解决机制。

（二）"代办养老保险"诈骗

以"代办养老保险"为名侵害老年人合法权益的犯罪主要表现为谎称认识社保局等部门工作人员或者冒充银行、保险机构工作人员，可以代办"提前退休""养老保险"等，骗取老年人的保险费、材料费、好处费等。职工基本养老保险是符合我国国情，保障社会保险制度健康持续发展和实现"老有所养"的重要制度。一些不法分子利用老年人不了解相关政策规定，以有关系代办、违规办理"养老保险"为名，对老年人实施诈骗犯罪。下述案件中，被害人本应通过当地人社部门咨询了解办理城镇职工养老保险的相关政策条件，但他认为"找关系"更加顺利和省钱，将保险费交由被告人代办，最终导致钱款被骗、个人养老保险断缴的后果。

案例：李某雷原系乡镇社保部门临时工作人员，后被开除。2018年，李某雷结识王某，王某得知李某雷曾在社保部门工作，提出帮忙办理城镇职工养老保险的请求。李某雷明知无能力帮助他人办理补交职工养老保险，仍谎称可通过挂靠企业的方式办理，并通过王某介绍，以帮助他人办理职工养老保险、可领取职工养老保险金等为名，先后骗取包括多名老年人在内的8名被害人107万余元，所骗钱款除极少数为被害人缴纳灵活就业保险以获取被害人信任外，其余均用于个人挥霍。

防骗启示：①相关部门要加强对养老保险政策的宣传，在相关业务办理环节要加强管理，进一步完善对社会保险代缴业务的监督和管理。②老年人在办理养老、医疗保险时，应通过相关部门、网站、社区、村委会等了解国家和当地政策规定，到相关部门按照程序依规办理，不要轻易相信他人能代办养老保险而把费用交给他人。③老年人不要抱有侥幸心理，明知不符合办理条件的不要企图通过"找关系""走后门"的方式违规办理，不要轻信通过熟人可以省钱等谎言，避免让犯罪分子有机可乘。

（三）冒充国家工作人员办理"养老抚恤金"等诈骗

2016年，夏某指使董某松通过互联网购买老年人个人信息98000余条。获取个人信息后，夏某指使其雇用的董某松、刘某慧、孙某旭、高某、郭某峰、闫某风等人，分工负责，冒充国家扶贫办、药监局、民政局等部门的工作人员给老年人打电话，了解其身体、家庭、收入情况，逐步取得其信任，再以帮助办理"养老抚恤金""慢性病补贴""扶贫款"等虚假名目，收取材料费、保证金、异地转让金等费用，骗取老年人钱财。至2019年7月案发，夏某等人共骗得41名老年人人民币共计498万余元，诈骗所得被夏某用于发放员工工资、个人挥霍等。本案诈骗对象均系老年人，其中部分老年人多次被骗，且被骗钱款有的系其毕生积蓄，心理受到较大打击。

防骗启示：①老年人要提高信息保护意识，不要将自己的姓名、住址、电话号码、身份证号等敏感信息轻易提供给陌生人，对可能泄露个人信息的快递面单、发票、各类收据、文件等都要保存好或者及时销毁，不要随意丢弃。此外，不要在不正规网站上轻易留下个人信息。②尽量少接陌生人电话，国家如有优抚政策一般不会挨个电话联系，而是通过基层政府发布公告或者线上公告，不要轻信陌生电话。③如果接到类似电话可以联系相关的政府部门进行核实，如不知道对应政府部门的咨询电话，可以直接拨打"12345"市长热线进行咨询。④不要汇款给陌生账号，如果涉及钱财流动，应该及时告知子女。

（四）养老机构预付费、会员卡诈骗

通过预付费形式销售会员卡是养老机构营销的普遍做法。一些养老机构收取会员费后降低服务标准、变更服务内容，甚至拒不退款等现象屡见不鲜。由于养老服务需求的增长以及投资回报返利的诱惑，老年人正成为养老服务领域预付消费的重要群体。2018年，罗某成与某老年人公寓服务公司签订《（预定）养老服务合同书》，约定罗某成缴纳3万元申请成为某老年人公寓服务公司银卡会员，某老年人公寓服务公司每年赠送罗某成2700元福利消费卡，可抵在该公司的消费。两年中，如果罗某成未到该老年人公寓服务公司居住，期满可全额退还预定金。后期限届满且罗某成未在该老年人公寓服务公司居住、消费，要求退还预定金未果，诉至法院。

防骗启示：老年消费者对会员制、预付款等养老模式要提高风险辨别能力，了解服务机构的经营状况和信用情况，要理性购买、消费养老服务。同时，对于会员制养老模式，有关部门既要包容看待，更要强化监管，要加强养老领域预付消费治理，在门槛准入、收费标准、信用评级、资金第三方存管等方面进一步细化管理，保障养老服务业健康发展。

老年人网络安全购物指南

（五） 推销老年产品诈骗

老年人相较于年轻人而言获取信息的渠道较少，获取信息的时效性也较差，对于产品的真伪优劣辨别能力较差；除此之外，部分老年人身患疾病，希望借助所谓的灵丹妙药恢复健康的心理比较迫切。不法分子利用老年人对健康和养老的关切，通过虚假宣传、夸大产品功效、提供虚假优惠、提供免费或低价旅游观光、情感陪护等手段，采取免费发放礼品、消费返利、会议营销、养生讲座等方式，诱骗老年人购买价格虚高或无效的保健品、食品、药品、医疗器械等。具体案例如下。

1. 李某涛诈骗案

李某涛以其担任法定代表人的北京某心脑血管疾病研究所有限公司为依托，伙同杨某、贾某山、王某、张某、苏某荣等人（均另案处理）为实施诈骗组成较为固定的犯罪组织，在北京市石景山区、丰台区等地，引诱老年人参加"健康讲座、免费健康咨询"活动，谎称贾某山、张某、苏某荣为中国人民解放军总医院、空军总医院、北京医院、北京协和医院等知名医院的专家，骗取被害人信任，并以现场看病、开药的方式，将低价购进的保健品"百邦牌天元胶囊""百邦牌银杏丹葛胶囊"当作特效药品高价销售给被害人。杨某、贾某山、王某等人通过上述方式，骗取翟某才等124名被害人93.74万元。

该类犯罪主要表现为假借义务诊疗、心理关爱、直播陪护、慈善捐助、志愿服务、组织文化活动等形式获得老年人的信任，对老年人实施诈骗。被告人李某涛等人为实施犯罪专门成立公司，在互联网低价购进保健品，招募大量业务员，以免费医疗咨询、义务诊疗等为噱头拉拢老年人参加讲座，冒充知名三甲医院的名医在讲座中为老年人"号脉""看病"等，将通过拉家常、聊天方式提前了解的老年人身体状况及病情记录，伪装成通过"号脉"得知，获取老年人信任后夸大病情、虚构保健品为特效药品，高价出售给老年人，骗取老年人的钱款。

在这类诈骗中，犯罪分子除了利用老年人重视身体健康、渴望快速治

六、老年人网络诈骗防范指南

疗疾病的心态之外,还给予老年人情感上的慰藉,常常对老年人嘘寒问暖、端茶倒水,态度殷勤亲切。部分老年人的子女因忙于工作不在身边,失去情感依赖的老年人很容易陷入犯罪分子的"温柔陷阱",产生对犯罪分子的情感依赖和信任,甚至"明知山有虎,偏向虎山行",在对犯罪分子献殷勤的不纯目的和所销售产品是假冒伪劣商品的事实有所察觉的情况下,为了"报答"犯罪分子平时日常生活中的"亲切照顾",或者单纯为了持续保持犯罪分子对自己的"问候、照料",不惜花费巨资购买犯罪分子销售的商品。更有甚者,在子女察觉被骗后,和自己的子女大吵大闹,拒绝停止购买保健品。

防骗启示:老年人就医需到正规医院,切莫病急乱投医,不要轻信所谓免费讲座、免费诊疗,更不要高价购买非正规渠道的药品、保健品,避免上当受骗。子女也应该协调好工作和家庭之间的关系,尽量抽出时间陪伴父母长辈,不给不法分子趁虚而入的可乘之机。

2. 购买保健品连环诈骗

王女士年纪大了,患有糖尿病,苦寻有效治疗方法。在浏览网页时,她偶然看到一则"某某堂'化糖方',治疗糖尿病"的广告。王女士打电话咨询,"专家"便向她推荐了药物"消渴口服液"。并称如果没有疗效,将全额退款。花了近3000元买了"消渴口服液"服用后,王女士的病情并未好转,于是她又拨通了"专家"的电话。每当王女士质疑药物无效的时候,对方就又推荐一种新药,并以"不买新药就前功尽弃"的理由说服王女士。王女士前后买了十几次药,花费数万元。直到服药后身体出现严重不适时,她才发觉上当受骗了,于是报警。经过公安机关侦查,朱某等人冒充医生等身份,虚构药品疗效,以拨打电话、微信聊天等方式与不特定人联系,骗取多人钱款共计450余万元。很快,朱某等人被公安机关刑事拘留。检察机关以涉嫌诈骗罪对犯罪嫌疑人朱某等人批准逮捕,并提起公诉。

这类诈骗案件中,不法分子往往采取冒充专家、开展虚假诊疗等方式,欺骗、诱导老年人群体购买"药品",实施诈骗。本案中,不法分子夸大药品功效,进行虚假宣传,甚至设下"连环计",让受害者越陷越深。

防骗启示：老年人在购买药品、保健品时要多加小心。①与正规诊所、义诊不同，骗子往往不在正规场所诊疗，而是通过电话或"宣讲会"为老年人"问诊"。老年人要提高警惕，不要轻易相信各种"专家"名号，身体不适时应前往正规医院治疗。②送鸡蛋、米面等"免费礼物"，夸大"官方背景"等是针对老年人实施诈骗的惯用套路。骗子在介绍产品时还会大打"亲情牌"，让老年人放下防备。老年人对此类话术和套路要提高警惕。③发现被骗要保留证据并及时报警，以利于办案机关更好办案并及时追回损失。

3. 假借中医专家诊疗之名诈骗医药费

叶某亚伙同纪某波、孟某坤、平某要、张某连等人，以其实际控制经营的上海参某网络科技有限公司名义开设艾灸馆，在不具备中医医疗机构资质的情况下，由未取得国家执业医师资格的纪某波假冒中医专家坐诊为老年人看病。为精准诈骗，叶某亚等人以年龄、家庭经济状况、消费习惯等条件，对艾灸馆经营过程中获取的老年人信息进行筛选，将年龄大、家境殷实、曾有过大额消费记录、子女不在身边等特点的"病人"作为诈骗目标，并通过设计话术、反复电话联系、安排上门接送等，将老年人骗至诊所。然后，纪某波根据预先获悉的老年人信息进行虚假"问诊、把脉、开方"，叶某亚将普通中药材制作的中成药谎称是含有名贵药材的中成药，根据老年人的经济条件和消费能力确定价格，高价卖给老年人。

防骗启示：①老年人看病尽量去正规医院，如果需要去诊所看病，则应注意查看医生的资质，只有具有执业医师资格证的医生才有资格看病和开具处方。②保护个人信息，不要在聊天中轻信旁人，泄露个人隐私信息。③购买药品或保健品前应该仔细阅读说明书，确定其疗效和成分，不要购买"三无"产品。④可以在网上对想要购买的药品或保健品名称进行搜索，以参考其正常售价和其他用户的评价。

六、老年人网络诈骗防范指南

（六）鼓吹"收藏品增值"诈骗

"收藏品"诈骗是针对老年人群体的常见诈骗手段之一。老年人往往具有一定的经济基础和空闲时间，但可能缺乏对收藏品价值的客观判断和对拍卖行业的深入了解。犯罪分子通常利用老年人对收藏品升值潜力的期望和对相关知识的缺乏，以"收藏品公司"包装自己，租赁办公场所，配备人员架构和设施，营造正常经营的假象；再提供免费或低价旅游观光、情感陪护、虚假宣传等手段进一步骗取老年人信任，然后通过以下方式进行诈骗：

（1）虚构收藏品价值。犯罪分子将低价购得的工艺品、字画等包装成具有高升值空间的收藏品，向老年人推销，并承诺未来会高价回购或代为拍卖。

（2）伪造证明文件。为了增加可信度，诈骗者会伪造拍卖、销售记录等虚假证明，甚至编造购买部分收藏品能享受财政补贴的谎言。

（3）利用情感诱骗。诈骗者通过建立情感联系，获取老年人的信任，进而推销所谓的收藏品。

（4）高价拍卖诱饵。诈骗者以高价拍卖老人手中的老物件为由，吸引老人到公司进行交易，然后推销公司的劣质工艺品，实施二次诈骗。

（5）连环套诈骗。诈骗者先以合作购买的方式打消老年人的疑虑，然后不断推销其他收藏品，并威胁如果不继续购买，就不负责帮忙转卖之前购买的收藏品。

（6）收取虚高拍卖服务费。诈骗者以帮助老年人高价拍卖收藏品为由，虚报物品价格，收取高昂的拍卖服务费。

（7）承诺定期返利。诈骗者承诺在一定期限后会高价回购收藏品，并承诺定期返利，以保本高额返息的名义吸引老年人投资。

针对老年人的"收藏品"诈骗案例如下所示。

1. 徐某等人诈骗案

徐某、周某鹏与他人购买富某文化传播有限公司，徐某、周某鹏安排沈某娟等 14 人，在公司销售所谓的纪念币（章）、玉石、书画作品等"藏品"，派发传单进行广告宣传，并以赠送小礼品等方式吸引不特定人到公司后，虚假宣传公司系国有企业授权销售方，谎称购买"藏品"可享有国家补贴，虚构"藏品"系限量供应、在市场上具有稀缺性、具有较高的价值及短期升值空间、"藏品"升值后由公司提供途径帮助销售实现盈利等事实，隐瞒纪念币（章）、玉石、书画作品等"藏品"实际价值及并无稀缺性的真相，欺骗被害人购买纪念币（章）、玉石、书画作品等"藏品"，向被害人开具虚假"收藏品全国统一专用收藏票"。截至案发，徐某等人共骗取 46 名被害人（大部分为老年人）379 万余元。

在这类诈骗活动中，犯罪分子往往谎称公司系国有企业授权销售方，获取老年人信任，抓住老年人识别鉴定能力较弱的特点，鼓吹收藏品增值空间大、投资利润丰厚，使老年人相信收藏品投资能够提供养老保障、消除养老后顾之忧，诱骗老年人高价购买廉价批发的收藏品，骗取钱财。

防骗启示：老年人投资收藏品时要冷静，绷紧防范意识这根弦，不轻信电话、网络、电视推销，认准正规的收藏投资渠道，特别是要谨防所谓"高额返利""高价回购"等宣传，防止陷入骗子的套路，守护好自己的"养老钱"。

2. 王某等"收藏品"电信网络诈骗

王某等人注册成立某文化公司，通过网络联系爱好投资收藏品的老年人，谎称可以促成收藏品拍卖，骗取被害人的会员费、藏品鉴定费、上门交易费等；或者冒充收藏品买家，谎称高价收购藏品，欺骗被害人购买其文化公司推荐的廉价工艺品，谎称转售即可获利，待老人支付相关费用或货款后，又谎称因藏品损坏等事由无法拍卖或者不能再予收购。截至案发时，王某等人已骗取众多老年人钱款共计 47 万余元。

防骗启示：老年人投资收藏品时，一定要时刻保持警惕和谨慎，不轻信高价拍卖承诺，多与家人朋友沟通交流，认真核实有关投资公司的资质，注意留存交易合同、付款凭证等证据原件，发现违法犯罪苗头及时报警。同时，也提醒老年人要多关注新闻媒体以及有关部门的普法教育宣传，多了解新型诈骗手段，提高反诈意识和能力。

3. "收藏品溢价回购"诈骗

许某燕冒用他人名义，注册成立博某商贸有限公司，专门以退休、有闲钱的老年群体为对象，组织员工将低价购买的纪念币、邮票等物品渲染成具有艺术价值、收藏价值的收藏品，诱骗老年群体购买并承诺一年后溢价20%回购。为骗取老年群体对公司的信任，许某燕等人采取了诸多包装手段：①租赁、装修经营场所，统一员工着装，并虚假宣传"公司总部位于北京，全国连锁经营，产品合法合规"，伪装成正规经营的假象。②频繁组织公司员工到老年人经常聚集的小区、公园、菜市场等场所，以免费分发鸡蛋、洗衣液等方式，配合虚假宣传，获取老年人关注并与其拉近关系。③对有购买可能的老年人，组织公司员工到老人家帮助老人打扫卫生、照顾老伴、陪同聊天，甚至以认"干亲"等骗取老年人信任。④定期组织老年人参加公司的"拍卖会""交易会"，导演"拍卖""交易"公司收藏品的骗局，虚假宣传"早投资早受益、多投资多受益"。为防止老年人的家人发现，许某燕等人在销售时将所谓"收藏品"装入黑色袋子密封，以"防光防潮""影响回购"等理由叮嘱老人不得打开。案发时，许某燕共非法吸收资金192万余元，仅向部分老年人返还本金及收益18万余元，未兑付本金173万余元。

防骗启示：老年人要谨防陌生人"亲情关怀"陷阱，避免"关怀"变"伤害"。现代社会老年人与子女各自生活逐渐成为常态。不法分子利用老年人需要亲情关怀、缺乏投资专业知识等特点，通过嘘寒问暖、上门服务等方式发起"亲情"攻势，骗取老年人的信任，灌输各种错误投资理财、健康养生等观念，以实现骗取老年人财物的最终目的。对于这种虚假伪善的"亲情关怀"，老年人要注意识别防范，不能轻易将养老钱托付他人。同时，为人子女，要更多地关心老年人的生活近况，勤联系、多关注、善提醒，让老年人能老有所养、老有所依、老有所乐、老有所安，不要让"伪亲情"成为养老诈骗的温床。

4. 利用抖音等平台销售"收藏品"

不法分子利用抖音等短视频直播平台，把自己包装成为"分享好物"

"收藏品推荐"的专业主播,在直播间以"抢到后过几个月可以寄到北京拍卖""黄金手表/黄金纪念币可以保值""现在买过几个月可以高价回收"等话术欺骗老年人购买大量伪劣产品。老年人购买后等待"拍卖会"和"回购",商品超过7天无理由退换的时间限制后不法分子再拒绝回购。而且通过直播的方式做出的不实承诺很难取证,受骗老年人的后期维权工作也很困难。比如在下图案例中,某网民的父亲就在直播间上当受骗,购买大量劣质手表,花费十几万元后无法维权。

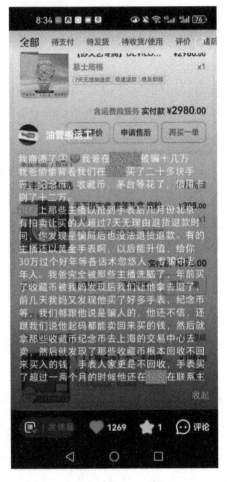

防骗启示:①不要轻信网络直播间的主播,对他们所描述的商品质量和商品价格情况不能全信。②购物之前应该查看相关鉴定证书,并仔细查看鉴定证书的开具机构是否具备鉴定资质。③购物之前可以在网上对相关商品的名称进行搜索,查看该商品的参考价格。④购买高额物品前应该和家人商量，不要冲动购物。⑤老年人不建议使用信用卡或网贷等超前消费方式进行大额购物。⑥如果上当受骗应该积极维权，可以联系网上平台或者报警处理。

5. 销售虚假藏品连环诈骗

2014年11月至2018年12月期间，许某桥注册成立瀚某文化交流有限公司等数个连锁公司，招募鲍某康等员工组成诈骗犯罪集团，将从集散批发市场廉价批发的工艺品、字画包装成所谓的"藏品"，通过电话邀约、发放传单、赠送小礼品等方式，引诱缺乏收藏品专业知识的老年人购买，并谎称"藏品"具有数倍至数十倍的升值空间。为打消老年人购买"藏品"后无从出售的顾虑，许某桥等人谎称升值后可以代为拍卖或者销售，甚至表示公司可以兜底回购。为制造"藏品"稀缺、交易活跃的假象，打消购买者顾虑，许某桥等人组织员工向老年人展示虚假的"藏品"拍卖、销售记录，第三人求购、征集"藏品"的函件或文件，已投资客户收益表等，甚至编造部分"藏品"因属于"一带一路"政策鼓励购买，可享受财政补贴返还等信息，使老年人误认为这些"藏品"物有所值甚至超值，从而诱使老年人购买。当老年人要求代为拍卖、销售时，许某桥等人又设置需进一步购买更多"藏品"等附加条件，在老年人无力购买时，引诱其以借款、信用卡消费、网络贷款等方式继续购买"藏品"。至案发时，许某桥等人诈骗集团从160余名老年人处骗得人民币2071万余元。诈骗所得被许某桥等人用于公司日常运营支出、发放人员工资及分红、日常消费及购买房产、车辆等。

防骗启示：①收藏品的鉴定和估价涉及大量专业知识，不具备相关知识和能力的老年人尽量不要购买；如果确实喜欢，可以通过阅读书籍、参加讲座或咨询专家，提高自己对收藏品真伪的鉴别能力后再进行购买。②购买收藏品要经过正规、可靠的渠道购买，选择有良好声誉和专业资质的商家或拍卖行进行购买。③在购买前，尽量获取由独立第三方机构提供的鉴定证书，特别是那些提供现金担保的鉴定机构，如钱币评级公司PCGS和NGC。④在购买时，要注意合同中有关真伪鉴定和退换货的条款，确保自己的权益得到保护。⑤正规的拍卖行和收藏品商家通常不会提供回购服务，所以要谨慎对待回购承诺，如果拍卖行或卖家承诺回购，最好不要轻易相信。⑥收藏品（尤其是古玩字画）行业有其特殊的行业规则，比如，在民间收藏品交易中，卖家有说明来源的义务，而买家如果认为商品为假，应当进行举证。另外，消费者在购买前应该谨慎小心。

（七）利用"数字鸿沟"骗取钱财

数字科技快速发展，在为老年人提供便利的同时，也给老年人的生活带来挑战。"数字鸿沟"的出现让不法分子有机可乘，他们利用老年人对智能产品及数字化操作不熟悉的情况进行诈骗。

1. 代操作银行 App 诈骗

张某在担任某银行理财经理期间，主动向老年人宣传该银行有保本高收益理财产品，并利用老年人不善于操作手机的特点，以帮助老人在手机 App 上操作为由，在该银行内、附近公园等地，私自将一些老年人银行卡内的钱款转入其个人控制的多个银行账户中，骗取多名老年人钱款共计人民币 593.71 万元，所得赃款用于网络投资及个人消费。张某利用老年人对银行从业人员的信任，以及老年人信息获取渠道单一、分辨能力差、警惕性不高和手机软件操作困难等特点，诱骗多名老年人落入其圈套，造成受害人财产损失。

防骗启示：金融机构要切实履行管理职责，加强对其经营场所及工作人员的管理，严格规范向老年群体销售金融产品的行为。有关部门要强化对金融机构的监管，做好对老年人金融知识宣传教育工作，为老年人创造更多的学习数字化新知识的条件，牵手老年人跨越"数字鸿沟"。老年人也要树立正确理财观，不贪图小利，不轻信他人，多与家人沟通，提高风险防范意识，避免陷入诈骗陷阱，守好自己的"钱袋子"。

2. "村推"团伙恶意注册手机号

"村推"团伙指的是一些不法分子利用生活在农村的老年人的手机号多数未注册网络账号，且他们对智能手机又缺乏了解、警惕性差的特点，冒充政府或相关机构工作人员，以帮助办理医保、激活医保电子凭证等名义，骗取老年人的个人信息，然后用于非法注册网络账号或进行其他犯罪活动。

许某、鳌某等人组建"村推"团伙，骗取老年人手机恶意注册网络账号。四川公安机关顺线打掉"村推"团伙4个、网络黑产工作室1个，抓获犯罪嫌疑人65名，查获涉案网络黑账号5万余个，涉案金额200余万元。除此之外，朱某等人大量购买学生及留守老人的身份证号、手机号等公民个人信息，批量注册支付宝、淘宝商铺等网络黑账号，贩卖牟利。重庆公安机关顺线打掉6个犯罪窝点，抓获犯罪嫌疑人57名，查获公民个人信息2.1万余条、网络黑账号4万余个，涉案资金183万余元。根据被抓的"地推"人员交代，他们将老人的身份证号、手机号以及验证码等信息发送到上游微信群，对方根据这些信息注册不同的账号，根据账号类型不同，"地推"人员可获得几元到几十元不等的"佣金"；而上游的不法分子再将注册成功的账号贩卖，非法获取收益，这些账号有的被用于"薅羊毛"，有的甚至被用来实施电信诈骗活动。在警方展示的一段视频中，一个仓库内堆积着大量的大米、食用油等物资，这些都是不法分子"薅羊毛"所得。一些购物平台为了吸引用户，会针对新用户推出一些"一分购""一元购"之类的"薅羊毛"活动，不法分子通过购买的新注册购物平台账号购买大米、食用油等物品，再以明显低于市场价的价格进行销售，从而非法获利。警方查扣的物资中，仅大米就有100余吨。

防骗启示：老年人应提高维护个人信息安全的警惕性和自觉性，切勿贪图方便或者蝇头小利将手机等物品交给陌生人独自操作，切勿扫描来历不明的二维码，避免给不法分子可乘之机。

3. 非法利用老年人个人信息

随着社会信息化进程的加快，不法分子利用老年人对信息安全防范意识不强的特点，打着免费赠送礼品的幌子，骗取老年人的信息以获取不法利益。

肖某组织李某等人私自成立工作室，开通当地联通运营商业务员工号，通过赠送大米等活动招揽本地近400名60岁至80岁不等的留守老年人，使用其身份证信息办理手机卡。在办卡后不但违规持有手机卡，还利用老年人开卡的手机号码，注册微信、京东、抖音等互联网平台账户1066个出售给他人，共获利人民币40266元。

防骗启示：有关部门要继续加大打击惩治侵犯公民个人信息犯罪的力度，加强对老年人信息安全意识的宣传教育，推进安全保护法律法规和制度建设，从源头遏制泄露个人信息的违法行为，筑好个人信息安全的保护屏障。同时，老年人也要强化个人信息保护意识，身份证、银行卡、个人资产信息等应妥善保管，不随意参加需填写真实身份、手机号码等的抽奖、竞猜以及免费送礼活动，遇到特殊情况要及时报警处理。

4. 金融机构未尽告知义务造成纠纷

2008年，宣某华与某证券公司营业部签订《证券交易委托代理协议》，就委托代理证券（包括证券衍生品）交易及其他相关事宜达成协议。2019年3月，某证券公司在网站、App上发布通知，如客户个人身份信息不完整则中止金融服务。7月，某证券公司营业部以宣某华身份信息不完整为由对其股票交易账户进行冻结。宣某华认为其并未收到或者知晓相应公告，某证券公司的冻结行为构成违约，诉至法院要求赔偿其财产损失。证券公司虽然有权依法开展客户身份信息核实工作，但就需要核实的信息内容以及拒不配合的行为后果，负有向客户提前告知的义务，特别对老年投资者，应以合理方式履行相应通知义务。在本例中，因无相关证据证明证券公司在官网以及App上发布的公告送达至宣某华，所以法院认定某证券公司违约，判决某证券公司赔偿宣某华经济损失1万元。

防骗启示：这个案例虽然不涉及恶意诈骗，但也凸显了"数字鸿沟"对老年人生活造成的诸多不便。随着互联网、大数据、人工智能等信息技术快速发展，老年人面临的"数字鸿沟"问题日益凸显，不仅出现在交通出行、就医、文娱、社会服务等场景，在金融消费领域也愈发突出。就老年人自身而言，要跟上时代发展，加强自身学习，提高运用智能技术的能力和水平，积极融入智慧社会，并且一定要在进行金融投资之前看清楚各项条款，必要的时候和子女商量后再做决定。而金融机构在数字化升级改造时，也要对服务进行适老化改造。一方面，要将数字赋能运用到为老服务中去,根据老年人的特点"量体裁衣",设计适合老年人的金融产品和服务,推出亲老、适老的大字版、语音版、简洁版等智能金融 App;另一方面,要考虑老年人的交易习惯,保留一定比例的人工服务网点,更人性化地为老年人提供服务。此外,不能因为老年人面临的"数字鸿沟"问题而给服务中的欺老行为理所当然地披上合法化的外衣。

(八)"中奖"信息诈骗

针对老年人的中奖信息诈骗是一种常见的诈骗手段,不法分子利用老年人可能存在的贪图小便宜、警惕性差、缺乏有效手段查实和确认信息的特点,通过手机短信、网页抽奖等方式实施诈骗。

1. 刮刮卡"中奖"诈骗

马老太前段时间收到一封信,信封里是一公司送的"刮刮奖"卡片,还有公证书。马老太刮开一看,自己竟然中了 200 万元巨奖,高兴之余的马老太立即拨打卡片上电话要求兑奖。随后,她根据电话要求分别打款,逐步被人骗走了 16 万元。

防骗启示:任何要求中奖者先交费的中奖信息都是骗局。消费者应保持警惕,不支付所谓的个人所得税、公证费等费用。消费者在购买日用消费品时,如果发现任何形式的中奖信息,应保持高度警惕,不要随便相信中奖信息。如果无法分辨中奖信息的真伪,可以到官方网站找客服电话进行咨询以确认真伪。

2. 京东店庆"中奖"诈骗

诈骗分子假借京东等电子商务平台的名义,向诈骗对象邮寄"店庆贺卡",宣称可以通过刮奖获得最高 10000 元的现金,并要求诈骗对象添加"官方客服"的微信领取现金红包。为了增加可信度,这些贺卡印刷精美,有大段关于店庆感恩的话术,奖金金额并没有不切实际的虚高,还盖有伪造的公章,很容易蒙蔽鉴别能力不强的人,诱导他们上当受骗。下图是某网友收到的"京东 25 周年店庆"的诈骗贺卡。

老年人网络安全购物指南

防骗启示：不要轻信中奖信息，也不要脱离电商官方平台添加所谓的"官方客服"。收到类似中奖信息后应该先联系相关公司的官方客服进行验证。

（九）短信通知"清空积分"诈骗

短信通知清空积分诈骗是一种常见的电信诈骗手段，骗子通常会冒充电信运营商或商家，发送含有"钓鱼"链接的短信，诱使受害者点击链接并输入个人信息，进而实施诈骗。有用户收到短信称其账户内的积分将于次日全部清零，并提供了一个网址链接，诱导用户登录积分中心兑换商品。但这些商品往往是高仿或价格虚高的产品，且兑换过程中可能要求用户提供银行卡号、密码等敏感信息。这类型诈骗具备以下三大特点：①诈骗短信通常以"积分即将过期清零"为由，制造紧迫感。②提供的兑换网站可能是假冒的，目的是收集受害者的个人信息。③兑换的商品可能是假冒伪劣产品，或者价格远高于市场价。类似的诈骗短信如下所示。

六、老年人网络诈骗防范指南

防骗启示：①对于任何积分兑换的短信，尤其是含有网址链接的，要保持警惕，不要轻易点击。②正规运营商或商家的积分兑换通常不会通过短信中的外部链接进行，而是在官方 App 或网站上操作。③如果收到疑似诈骗短信，可以直接删除，或通过官方客服渠道进行核实。

老年人网络安全购物指南

（十）"黄昏恋"诈骗

孤身多年的老年男子林某经人介绍与黄某认识，二人在微信聊天中确定了"恋人"关系。黄某以买房缺钱为由向林某借钱，成功骗取6000元"借款"。"在我第一次把钱拿给她后，她签署了保证书承诺与我办理结婚登记手续，后来她再说借钱，我都同意了。"林某说。但是，在两人交往期间，黄某未使用真实姓名，并隐瞒已婚事实。从认识到交往不到3个月的时间里，黄某通过虚构买房、治病等事实，多次向林某索要钱财共计4.7万元。后来，林某便联系不到黄某了。林某"这才意识到受骗了！"报警后，黄某家属代为退还4.7万元。

在此类婚恋交友诈骗中，一边是受害人对恋爱存有美好期待，逐渐放松警惕；一边是施骗者以金钱为目标，精心设置陷阱。法院从近年审理的案例中分析得出，婚恋交友骗局常用的套路主要表现为：①虚构身份，隐瞒婚情，假冒单身，甚至改名换姓，企图随时脱身。②短暂交往，借口索财，假意许诺，借机骗财。行骗一方还会借助承诺结婚等手段，加速实现索要钱财的目的。

防骗启示：在婚恋交友时应提高防骗意识。一方面，要深入了解对方的生活、工作等情况，当对方提出缺钱、借钱时，应核实钱款需求是否真实存在、需求数额与实际数额是否相当。如若答应借款，还应对借款的数额、归还期限、约定利息等具体条件加以明确。另一方面，碰上交往时间短就提出借款需求的情况，应更加谨慎，尽量不借，或不要大额借出。如果出现频繁借钱或屡次借钱不还，且对方推托见面、失去联系的，应及时报警，挽回损失。

（十一）"高薪兼职"诈骗

张大爷被从天而降的"馅饼"砸中了："恭喜你被选为×州老年协会'形象大使，月薪6000"。张大爷起初不信，但经一位自称是中国中老年协会驻当地办事处负责人的女子游说后暂且相信。为了领取"形象大

六、老年人网络诈骗防范指南

使"的高价酬劳,张大爷陆续交了"手续费""保险费"等数十万元,而"协会"的几个主要负责人却再也联系不上了。

防骗启示:①一般老年人退休后兼职的机会并不是很多,所以对那些自动找上门来的兼职岗位要保持警惕。②如果确实想要兼职,应该通过正规的招聘网站和合法注册的公司平台寻找兼职机会,而不要随意轻信陌生人的电话和信息。③合理定位自己的期望薪酬,警惕过高的薪酬承诺,一般过高的薪酬背后隐藏的很可能是骗局。④在找兼职时要避免提前支付费用,警惕任何在工作之前要求缴纳中介费、培训费、押金、手续费、保险费等费用的行为。⑤可以通过查询国家企业信用信息公示系统或现场查看招聘单位的营业执照等途径,甄别招聘企业相关信息是否真实。⑥不要相信口头承诺,找兼职也应该与中介机构或招聘单位签订书面合同,并在合同中明确意向岗位、薪资要求、工作职责等。⑦在情况不明时,多与子女沟通,理性判断,谨慎选择,避免因贪图高额收入而落入诈骗陷阱。⑧如果发现自己已经被骗或者发现应聘职位可能涉及违法犯罪行为,应及时报警。

(十二)"发表作品"诈骗

刘大爷是一名退休的老教师,爱好写字、作画。老爷子通过活动认识了一个陌生人,这个陌生人提出要帮刘大爷发表作品,不过需要交6000元版面费。刘大爷一听,立即取出6000元给对方。之后,刘大爷果然收到了一份"报纸",上面刊登有他写的毛笔字。此后,刘大爷一发不可收拾,不停地在一份"书法报"上发表。当然,刘大爷为此支付了数万元的版面费。

防骗启示:①要发表作品应该选择正规平台,确保发表在有良好声誉和专业资质的出版平台或期刊上。②在发表作品前应该了解和熟悉正规的出版流程和行业标准,包括审稿周期、版权协议等。③正规出版社或期刊、报纸通常不会要求作者支付高额的出版费用,警惕那些要求支付版面费、审稿费等的诈骗行为。④正规出版通常需要时间进行审稿和编辑,警惕那些承诺快速出版的服务。⑤与编辑或审稿人沟通时,应该确认他们的身份和隶属机构，不要相信陌生人。⑥对于过分夸大作品价值或承诺获奖的不实赞誉要保持警惕。⑦在提交作品时，要注意保护个人隐私，不要提供过多的个人信息，特别是银行账户等敏感信息。

（十三）冒充抖音客服诈骗

诈骗分子伪装成抖音的客服，给老年人打电话谎称其抖音账号开通了"电商直播会员"，每个月要扣除 800 元使用费，如果老人不需要直播带货，可以协助关闭，并发送一个虚假的抖音电商平台网页给老人，让老人进行步骤极为复杂的"关闭"程序。老年人对手机应用不如年轻人灵活，很难独立完成这一"关闭"程序，诈骗分子趁机谎称可以指导和协助老人操作，要求老人去下载可以远程监视和操控老人手机的 App（一般是视频会议或屏幕共享类 App）。如果老人按要求下载该 App，诈骗分子就可以通过该 App 获取老人的网络支付密码和验证码，通过此种方式实现诈骗，偷偷转走老人银行卡上的钱财。

防骗指南：①老年人在使用各类 App 时不要随便乱点按钮，也不要随意输入账号密码，避免在不知情的情况下误操作开通了自己并不需要的付费功能。②不要相信陌生人的电话和信息，如果接到陌生电话自称某某公司客服的，应该在网络上（比如使用百度）搜索该公司的官方客服电话并联系予以核实。③不要安装任何自己不了解和不熟悉的 App，更不要授权陌生人远程查看和操控自己的手机。④保护好自己的个人信息，不随意泄露真实姓名、电话号码、身份证号码、家庭住址等敏感信息。⑤涉及财务流动的操作要保持谨慎，不随意转账给陌生账号。⑥遇到超过自己认知或自己解决不了的问题应该及时联系子女寻求帮助，也可以联系居委会或报警寻求帮助。⑦如果被诈骗一定要及时报警。

（十四）网购"盲盒"诈骗

部分无良商家借一些老年人爱贪小便宜的心态和不仔细查看商品详情页的购物习惯，在商品的主图上放置一个较为昂贵商品的大图标和若干廉

六、老年人网络诈骗防范指南

价商品的小图标,并用非常小的浅色字体注明"盲盒",并且商品标题页使用该昂贵商品的名称,不提及廉价商品和"盲盒"。老年人购物时很容易被该商品的低廉价格和主图上的大图标吸引,忽略了这是所谓的"盲盒"。待收到货后发现收到的是廉价的小商品,再找商家理论时,商家才会告知这是随机抽取的"盲盒"商品,抽到的是小商品而非大图标显示的昂贵商品。老年人维权意识淡薄,又不熟悉退款和投诉的操作,往往只能自认倒霉。下图展示了某网友母亲购物时遇到的这类问题。

> 服饰类商品如出现已洗涤,或吊牌已摘,或显著穿戴痕迹等影
>
> **骗老人钱,▇▇能不能管管?**
> 妈妈说在▇▇上抢了人家清仓的家居服,但是收到的却是一个小盒子(是快递员发现的,提前打电话给我妈妈,说快递盒子上写的是衣服,但是实际上是一个小盒子),我妈让我看看什么情况,我登陆妈妈的▇▇一看,真的有这个订单,就去问客服,结果客服说主图上有写发的是盲盒,试问下盲盒福袋有这样挂的吗?商品名字还写的衣服,我妈拍的商品已经下架了,看不到主图大图,但从小图上看没有盲盒字眼,但店铺还挂着2件商品(图3、4),却是很小的字写着盲盒随机选,这种不是明摆着坑老人嘛,这样的店太可恶了!
> 后续:已经申请退款了,但是是不是有很多老人没有退款呢?这种黑心钱也赚??
>
> 最后在网友指导下找到了商品快照(最后一张图),已经很明显是在诈骗了!
>
> 编辑于 01-05 江苏

老年人网络安全购物指南

商品标题为男士保暖睡衣，主图也是以睡衣为主；标价为9.9元。误导老年人以为9.9元可以买到一套睡衣。

老年人很容易忽略在商品主图上不起眼的"耳暖"两字。收到货后发现不是睡衣而是耳暖，只能自认倒霉。

六、老年人网络诈骗防范指南

老人的子女发现后找商家理论，商家狡辩该商品是随机发出的"盲盒"，自己在主图和详情页有写，是消费者自己没有注意看。

在主图上确实说明了是盲盒，但是字体非常小，很不显眼，即使是年轻人都必须放大图片后仔细寻找才能看到。老年人很容易直接忽略了这行小字。

防骗指南：①老年人在网上购物时一定不要贪小便宜，商品标价如果低于市场均价过多则一定要谨慎。②老年人购物时最好使用网购平台的长者模式,方便自己看清楚图片和文字描述。③老年人要养成良好的线上购物习惯,将商品图片放大,仔细查看商品图片和详情页的文字描述。④如果发现上当受骗,不要"认倒霉算了",而应该及时联系平台官方客服投诉,要求退款。一般情况下,官方客服会支持这类问题的退款并对这些不法商家做出处理。

(十五)"水滴筹"诈骗

诈骗分子假装成重病患者(尤其是患重病的婴儿或儿童)的家属,在水滴筹或者类似的其他爱心捐助平台上传虚假的照片和医院诊断报告,再使用大量虚假账号通过各种渠道进入成员较多的微信群或 QQ 群,利用煽情的文字发布筹款信息,引起老年人的同情,骗取捐款。除此之外,诈骗分子还会伪装成群内普通成员,对诈骗分子发布的虚假的筹款信息进行回复和捐款等,进一步迷惑老年人。下图是发布在某小区群中的诈骗信息。

诈骗分子伪装成患病幼儿的母亲混进某小区水果团购群,发布虚假的筹款信息。

六、老年人网络诈骗防范指南

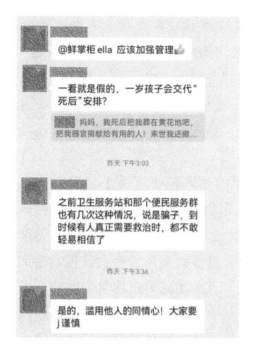

群内其他成员发现该信息为诈骗信息，在群内进行讨论，要求移除骗子。

防骗启示：①在捐款前，尽量核实求助者的信息，包括病历、身份等，以确保其真实性；不要轻信群发信息和煽情文案，一般人的交际圈有限，警惕那些跨省募捐的信息。②应该通过水滴筹的官方平台进行捐款，不要轻信第三方链接或支付渠道，避免被诈骗分子利用。③对于筹款链接，检查网址是否为官方认证的真实网址，警惕伪造的水滴筹网站链接。④如果在水滴筹平台上发现可疑的筹款项目，可以使用筹款页面上的"举报/质疑"功能或联系官方客服进行举报。⑤如果在使用大病筹款平台服务过程中遇到可疑现象，如收取高额服务费、收款方名称不符等情况，应向平台举报或直接报警。

（十六）微信好友诈骗

许多老年人赋闲在家，空闲时间较多，既没有充实的工作，也缺乏足够的娱乐和社交活动，比较依赖微信等网络社交工具维持与外界的联系和交流，在上面花费大量时间；大部分老年人是微信等新型网络社交工具的"初学者"，只会使用最基本的聊天通话功能，缺乏对这些社交平台上信息的辨别能力。诈骗分子利用这点，先以各种理由添加老人的微信，然后通过微信时不时对老人嘘寒问暖，建立情感联系，让老人误以为对方是"好人"，与对方成为"朋友"甚至被诈骗分子认作"干妈""干爹"。一旦老人放下防备，诈骗分子就开始以"业绩不好拿不到工资""家人生病无钱治病""突然被裁员无钱生活"，甚至"患癌""欠钱被追杀"等理由用楚楚可怜的话术骗取老人的同情，要求老人购买"产品"，或者向老人"借钱"。

2021年，居住在上海的古稀之年的高阿姨在直播平台看到男主播马某在直播，马某对每个进直播间的人都以"爸爸"或"妈妈"相称，在直播间讲述自己的"悲惨身世"，后又说自己虽然家庭困难，但仍然通过个人努力帮助了两名生活贫困的女孩，直播就是为了帮女孩售卖首饰。善良的高阿姨看后，觉得马某积极乐观，直播间充满正能量，就购买了一些首饰表达支持。高阿姨成为马某的粉丝后，马某通过后台私信高阿姨，教其如何在直播间刷礼物，高阿姨学会后经常在直播间刷礼物。后两人添加微信，马某给高阿姨寄水果表示感谢。一来二去，两人逐渐熟络。同月，马某以自己没钱回老家为由向高阿姨借钱，高阿姨心生同情，就用微信转了2500元。收到第一笔转账后，马某对高阿姨更加热情，当得知高阿姨至今未婚、无子女时，对高阿姨更是嘘寒问暖，认其做干妈，表示愿意给她养老。

在充分取得高阿姨信任后，马某便以自己患胃癌、吐血、脑子里有血块、患乳腺癌、被黑社会追杀等各种理由向高阿姨借钱。2023年5月，马某跨省自驾看望高阿姨，给高阿姨过生日。2023年6月、7月，马某又以法院让其缴纳钱款不然就要坐牢、患脂肪瘤等理由向高阿姨借钱。高阿姨是一位退休老人，平时靠退休金生活，在多次将钱款"借"给"干儿子"马某后，生活拮据，甚至为此负债。马某为了能继续从高阿姨处取得钱款，还用自己微信小号假扮成自己的女朋友以怀孕打胎为由向高阿姨借钱。后高阿姨联系马某女朋友，得知其并未怀孕，遂发现自己可能被骗，欲报警。2023年11月，马某为了显示其与高阿姨之间的钱款来往系借款，归还高阿姨部分钱款，并答应之后会陆续还钱，但实际未还。至案发时，高阿姨已因此事负债累累，每月的退休金大部分用来还债。马某在直播间里编造出身世可怜却正能量满满的形象以获取流量，通过打造虚假人设获

六、老年人网络诈骗防范指南

得了高阿姨的同情,在后期交往中以"认干妈"为手段,同时辅以甜言蜜语对高阿姨实施感情欺骗,虚构事实,隐瞒真相,编造各种理由骗取高阿姨共计55万余元,实际却将所获钱款用于基金投资、个人消费等。

除了这类"卖惨""装可怜"直接骗取老年人钱财的骗术外,还有部分诈骗分子以"装可怜"销售商品的名义进行诈骗,下图显示了某网友祖父遭遇的这类型诈骗,而类似的诈骗信息竟然有数千条之多。

在爷爷手机发现的聊天记录

防骗启示：①不要轻易相信直播间主播的甜言蜜语和虚假人设，对网络上接触到的网友要保持警惕。②与网友最好不要发生金钱交易和财务往来，避免被骗。③与网友交际过程中要注意保护自己的个人和财产信息，不轻易泄露，并且不要在网络上"炫富"。

（十七）直播间虚标价格诈骗

老年人在直播软件刷到以推荐或者测评商品为主题的直播间，主播以"9.9元得某某商品"等煽动性话术引诱老年人，激发他们捡小便宜的想法，使他们认为该商品物美价廉，值得购买。但老年人通过直播间进入店铺购买时，真实价格被设置为99元，老年人由于视力不佳或过于轻信直播间主播的宣传没有仔细核对价格，实际付款99元买到的却是廉价且劣质的商品。即使有老年人发现上当受骗，但由于他们缺乏在线上进行售后维权和投诉的知识和能力，只能自认倒霉，承受损失。如下图所示，老人在抖音受骗，99元购买了3包劣质洗脸巾。子女发现后联系客服，客服公然承认自己店铺是诈骗老年人，态度十分嚣张。而在这家店铺内，还存在大量高价的劣质商品的链接。

六、老年人网络诈骗防范指南

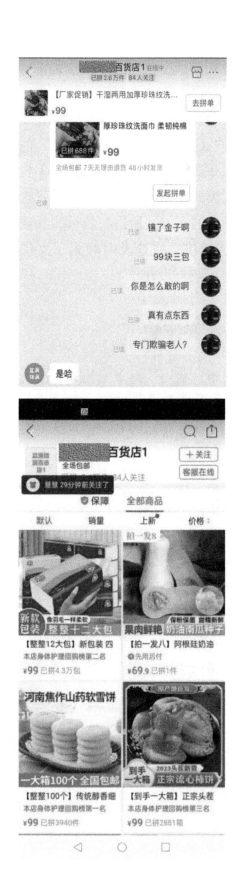

防骗启示：①在网上购物时要提高警惕，不要相信标价低于市场价格太多的商品。②在直播间购物时，切记口说无凭，不要轻易相信主播天花乱坠的描述，要看清楚商品详情页中关于商品与价格的描述。③在线上购物时一定要看清楚商品的价格和实付款（有时候商品价格不高，但附加有高额的运费或者其他费用），老年人如果视力不佳，无法看清手机小屏幕上的字体，可以将购物平台调为长者模式。④收到货后，如果发现上当受骗，不要忍气吞声，可以联系网购平台的官方客服进行投诉，并要求退货退款。⑤如果上当受骗，自己又无法解决，应该及时联系子女说明情况，请子女帮忙维权。

（十八）冒充电商、物流客服诈骗

当网络购物逐渐成为大众的一种消费习惯时，越来越多的诈骗分子开始冒充电商企业或者物流公司的客服进行诈骗，这些"假客服"往往能准确说出消费者的姓名和所购买的商品名称、价格以及订单号等信息以获取消费者的信任，然后通过告知消费者的商品存在问题或者遗失了、快递寄过涉疫区域被扣押、客服给你双倍退款、商品可以退税等各种借口进行诈骗。冒充电商、物流客服诈骗主要分为以下几类：

（1）冒充淘宝、天猫、京东、抖音、快手、拼多多等电商平台客服或者物流快递企业客服，谎称受害人网购商品出现问题，以退款、理赔、退税等为由，诱导受害人私下添加"理赔客服"微信、QQ或在虚假的退款理赔网页中提供银行卡或手机验证码等信息，对受害人实施诈骗。

（2）诈骗分子声称将受害人升级为VIP会员、授权为代理或已办理商品分期等业务，以如不取消上述业务将产生额外扣费为由，诱导受害人支付手续费实施诈骗。

（3）诈骗分子以受害人电商平台会员积分、支付宝芝麻信用积分不足为由，让受害人申请贷款从而提高会员积分，并引导受害人将贷款汇入指定账户实施诈骗。

主要套路和诈骗流程是：

（1）诈骗分子事先非法窃取、收购买家网购信息以及快递单信息，获得受害人网购订单数据，以各种理由冒充购物网站客服或物流客服，主动联系受害人，通过念出受害人个人信息、网购信息、物流信息的方式，骗取受害人信任，然后称其订单存在卡单、调单、快递丢失、产品质量问题、交易失败等情况，提出退款理赔，对购物者或平台商家实施精准诈骗。

（2）受害人在骗子提供了准确信息后，产生初步信任。骗子进一步诱导受害人在虚假链接上输入其个人银行卡号、手机号、验证码等信息，将受害人卡内钱财转走。或者利用受害人对支付宝、微信等支付工具中借款功能不熟悉，诱导受害人借款从而转给骗子。亦或是要求受害人安装病毒软件，通过软件拦截获取受害人手机验证码进行盗刷。还有一种情况是诱导受害人根据其指示操作，受害人称对操作不明白时，诈骗分子要求受害人下载 zoom、腾讯会议、小鱼易连等具有屏幕共享功能的软件，指导受害人操作。

（3）一旦进行屏幕共享，骗子会以各种理由诱导受害人进入手机银行界面，查看受害人的银行卡信息，并且在屏幕共享期间，受害人手机收到的验证码，会被骗子直接看到，骗子进而登录受害人支付账号，直接操作完成转账。

（4）诈骗过程中如果遇到警方来电劝阻的情况，诈骗分子会编造"公安机关会冻结你的银行卡"等理由让受害人不要接警方电话，为骗局成功实施争取充足时间。

典型案例：2023 年 1 月 3 日，卓资县卓资山镇居民高某接到一个自称是快递公司客服的电话称，高某在购物平台上买的口罩在运输过程中丢失，快递公司要向高某赔偿 200 元，需要高某下载一个叫做 zoom 的会议软件，在软件中指导高某进行赔付。高某下载好软件后按照客服的指导进入了一个线上会议室，在线上会议室中，另一个客服指导高某打开软件中的共享屏幕（此时，客服可以看到高某的手机页面）。客服指导高某打开支付宝，称高某的支付宝信用分不够，需要高某将自己银行卡里的钱转到物流公司的账户中来提升高某的信用分之后，才可以将这 200 元的赔偿金退还给高某。在高某转账 12699 元后，客服称高某的转账流水还未达标，需要高某从"借呗"借钱后继续转账。此时，高某方意识到自己被骗。

防骗启示：①正规网购退款款项会由支付渠道原路退回，不需要买家再进行任何操作，更不需要开通其他金融产品来进行所谓的"退款验证"。②如接到自称"店铺客服""快递客服""卖家"等的电话，请提高警惕，不要轻易透露验证码或银行卡密码等信息，不要点开对方发来的"退款链接"，凡是退款要验证码的都是诈骗。③面对陌生电话自称某电商、物流客服，要求进行屏幕共享的请求，不要相信。不法分子的目的就是通过共享屏幕获取受害人手机中的信息，并且获取验证码。④主动拨打电话声称快递理赔、账号提升资质、取消业务的均为诈骗，不要轻易相信。⑤如果不慎被骗或遇到可疑情况，应立即拨打"110"报警或拨打"96110"咨询。

（十九）直播间伪装名人诈骗

在直播间伪装名人进行诈骗的案例中，诈骗者通过在直播平台上冒充名人，利用粉丝对名人的信任和喜爱进行欺诈活动。以下是五个常见的诈骗手法：

（1）冒充名人。诈骗者在直播间使用名人的照片或视频，声称自己是该名人或与名人有某种联系。

（2）虚假慈善。声称进行慈善活动，要求粉丝捐款，但实际上资金流向诈骗者的账户。

（3）虚假投资。以名人的名义推荐投资项目或股票，诱导粉丝投资，实施诈骗。

（4）虚假赠品。声称为了庆祝某个事件或感谢粉丝，提供赠品或抽奖，要求粉丝先支付邮费或其他费用。

（5）情感诈骗。利用AI生成名人的视频，与粉丝进行亲密互动，使用甜言蜜语哄骗粉丝，通过建立情感联系，诱导粉丝进行金钱上的投入或提供个人信息。

典型案例：2022年9月，市民王先生报警称，自己60多岁的母亲王阿姨由于迷恋某影视明星，加入一个"明星"粉丝团后，背着家人参加了"应援投资及公益项目"，花费近20万元，怀疑受骗。王先生回忆，

六、老年人网络诈骗防范指南

此前母亲每天都要在某"明星"的直播间里聊天,自己多次劝阻未果。王先生注意到,直播间以明星的照片作为背景墙,偶尔有语音聊天环节。但他搜索发现,这位明星的官方账号从未开展过此类直播互动活动。即使如此,王阿姨还是难挡"偶像"的甜蜜攻势,偷偷把自己的积蓄送了出去。王先生得知后,报警求助。立案后,警方多次上门对王阿姨进行反诈劝阻,但无奈王阿姨已被"洗脑",拒不配合调查。警方同时启动警银协作机制,梳理受害人的资金流和信息流走向,因线索有限,案件调查陷入僵局。王先生又向民警提供了直播间账号、弹幕记录等线索。结合此前的调查记录,警方很快查明了在短视频平台上开设"明星私人直播间"实施诈骗的幕后团伙及其人员组织架构。这个以王某为首的犯罪团伙,通过虚构名人,以明星名义邀请粉丝加入各种"粉丝团""应援团",并以"进团、直播互动到私密聊天"的步骤,逐步诱导受害人与"明星"建立情感基础,后再以投资、公益、应援、恋爱等各种理由索要钱款。进一步调查发现,这一团伙涉及使用的名人明星肖像不止影视明星,还包括金融大咖、业界名人等,团伙成员分散于全国多个省市。经周密部署后,上海静安警方组织多路警力赴多省市展开收网行动,先后抓获王某等犯罪团伙成员8人,缴获作案用的手机、银行卡等涉案物品10余件。

王阿姨参加的所谓"明星直播间"截图。

防骗启示:①对于声称是名人的直播间,要通过官方渠道核实其真实性。②对于慈善捐款,应确保捐款渠道的正规性和合法性。③不要轻信高回报的投资项目,尤其是那些需要快速决定的"机会"。④对于赠品或抽奖,正规活动通常不会要求支付额外费用。⑤不要向不明身份的人透露个人信息,包括银行账户、密码、验证码等。⑥遇到可疑情况或已经遭受诈骗,应立即停止所有交易,保存相关证据,并及时向警方报案。同时,可以通过官方渠道向直播平台举报诈骗行为,帮助平台采取措施防止更多人受害。

(二十) 高价包裹诈骗

诈骗分子通过邮寄"贵重"的快递包裹给收件人,再以"办理关税"、"涉嫌走私"或以退回的包裹"货不对板"要求赔偿等为借口进行诈骗。在上海,某独居老人收到一箱从海外寄来的一个超过万元的"高奢"雪茄包裹,还附有中国海关的查验告知单,并且收件人就是自己。第二天,老人便接到一通陌生来电,对方能准确说出他的身份信息,并声称自己通过多方打探才找到这箱快递的下落,希望能与其视频通话确认物品的完整性。老人感觉事情有蹊跷,于是及时联系民警,民警发现这些雪茄不仅包装简陋,而且中间的烟叶卷也是粗制滥造,便判断这是一起电信诈骗,所谓的高档雪茄只是骗子提前释放的诱饵,为后续实施电信诈骗"提前铺路"。

防骗启示:①老年人一定要保护好个人信息,不要轻易泄露自己的姓名、住址、电话号码和身份证号码等敏感信息。②如果收到来路不明的包裹,不要轻易签收或打开,更不要私自随意处理包裹内物品,确定不是自己的包裹后应该及时联系快递员了解情况并报警处理。③不要轻信这类来路不明包裹中物品的所谓高价值,不贪便宜,拒绝签收不是自己的包裹。④如果收到此类包裹后接到电话被以各种理由索要钱财或者要求转账,应该拒绝,并及时报警。

(二十一) 低价旅游团诈骗

2024年7月,海南某男子在网上发布视频称,自己母亲执意要参加一个老年旅游团,从海口到桂林,畅玩4天3晚,包括车费,且包吃包住,只要39.9元。虽然男子进行劝阻,认为一定是"购物团",但母亲

六、老年人网络诈骗防范指南

不顾劝阻,坚持要和朋友们一起参团。男子无法只得报警求援,在民警的询问下,母亲坦诚自己并不知道旅行社的名字、地址,领队名字也只知道"小太阳"这类网名,但是依然坚持这个团便宜是因为有十年一次的"国家补贴",不是骗人的,可以自由选择是否参团,自己也是其他姐妹拉进群的。儿子和警察的劝阻都没有效果,老人固执地参加了这次旅游,发现这个团里全是购物意愿高的年长女性,并且的确是一个不折不扣的"购物团",主要行程都是在参观各种"体验馆""工厂店"等购物场所。

这样的低价老年团并不是个例,很多直播间、微信群甚至社区地推依然在销售价格低得离谱的旅游团。据有相关行业经验的微信公众号作者透露,这类旅游团非但不会亏本,反而可能是暴利,这背后的机制在业内被叫做"赌团"。所谓"赌团"指的是"团长"以几百到上千一个"人头"的价格,把各种渠道招募的参团者根据男女比例和年龄全部"买"下来。出发后,"团长"会采取各种手段逼着每一个参团的老年人购物,要求每一个人必须有几千元的消费。主要采取的手段是第一天纯玩,让参团老年人有很好的体验感,之后每天都在购物点停留特别长的时间,保证有足够多的时间去购物,不买也必须待在购物场所内,并且工作人员还会对不购物的老人冷嘲热讽、训斥责骂,甚至采取威胁、诅咒、中途赶下大巴车、不买满额度不给住宿、暴力胁迫等非法手段进行强迫购物。老年人面对这种紧张和高压的情况,身体和精神都无法承受,再加上要面子或者被暴力威胁,不得不进行购物,花高价买了劣质商品。

防骗启示:①不要相信天上会掉"馅饼",如果想出门旅游应该找可靠的旅游机构,参加费用合理的纯玩团。②在旅行过程中,如果遇到强迫购物的情况,不要随意被人洗脑,如果有威胁、恐吓等手段强制消费的,一定要录音、录视频等,通过这样的方式保存证据,再拨打当地市场监管局举报热线投诉。③不要轻信微信群和直播间的信息,也不要随便拉自己的亲朋好友进入各种各样的微信群,对网上的信息要保持警惕;多和子女沟通,听取子女的意见。

七、安装国家反诈中心 App

面对层出不穷的养老等诈骗类型，老年人在日常生活中要主动增强安全防范意识，做到"六个不"，提升反诈防骗能力。

（1）个人信息"不留名"。即不随意填写调查问卷，不点击陌生链接，不对陌生人谈及真实的个人信息和家庭情况，包括姓名、年龄、电话、住址、银行账户、家庭成员等。

（2）陌生电话"不接听"。即谨慎接听陌生号码和境外来电，如果接到自称是银行保险、购物网站要求根据提示进行转账汇款的电话，不要随意听信、冲动转账，可以询问子女或直接拨打"110"报警。

（3）线下免费养生旅游活动"不参加"。即不随意根据传单、电视广告指引参加线下"养生讲座""健康体检""拍卖换购""抽奖兑换""旅游参观"等可疑活动，不贪图免费礼品，不接受免费服务。

（4）高额回报"不动心"。即不相信"保本高息""高价拍卖"等投资承诺，不参加"0元购""全额返利"等购物活动，切忌"捡漏""占便宜"心态，摒弃"托关系""走后门"风气，守好自己的"钱袋子"。

（5）未经充分核实"不支付"。即不要轻易付款转账，在作出任何款项支付决策之前都要三思而后行，一定要告知配偶、子女并听取他们的意见。

（6）报警举报"不拖延"。即在发现被骗后一定要及时拨打"110"报警电话或向"12337"举报平台反映，不要等待、拖延，以防延误公安机关侦查抓捕和追赃挽损的黄金时间。

老年人可以通过发挥余热、投身公益、旅行游玩等方式丰富精神世界，与此同时，老年人要警惕善良同情和兴趣爱好被犯罪分子利用。老年人在日常生活中，一方面要认准知名、正规的慈善组织、旅行社和金融机

七、安装国家反诈中心 App

构,参加任何机构组织的活动之前务必先通过官方网站或权威渠道"验明正身";另一方面要谨记"世上没有免费的午餐",打消"以小钱赚大钱"的想法,在诱惑面前要清醒理智、三思而行。

除此之外,老年人还可以在手机上下载国家反诈中心 App 帮助防范电信诈骗。国家反诈中心 App 是一款免费下载和免费使用的 App,由公安部刑事侦查局组织开发,旨在帮助用户维护电信网络安全,为用户建立电信网络涉案举报渠道,增强防范宣传,致力于构建良好的电信网络环境。这款 App 具有以下五项功能:

(1)诈骗预警。当收到涉嫌诈骗的电话、短信、网址或安装涉嫌诈骗的 App 时,可以智能识别骗子身份并及时预警,降低受骗的可能性。

(2)在线举报。用户可以对非法可疑的电信网络诈骗行为进行在线举报,提供反诈线索。

（3）防诈知识学习。国家反诈中心 App 定期推送防诈文章，曝光最新诈骗案例，提高用户防骗意识。

（4）风险查询。在涉及向陌生账号转账时，可以验证对方的账号是否涉诈，包括支付账户、IP 网址、QQ、微信等，及时避开资金被骗风险。

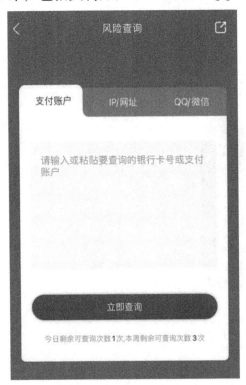

七、安装国家反诈中心 App

（5）真实身份验证。在社交软件上交友、转账时，可以验证对方身份的真实性，防止对方冒充身份进行诈骗。

使用国家反诈中心 App 时，用户需要进行实名验证，必须填写所在地区，详细地址必须注明所在镇街，详细到门牌号，并且最好填写全部社交通信信息，以利于精准预警诈骗信息。除此之外，为了使用该 App 的预警功能，用户需要开启诈骗预警模块，授权手机权限"悬浮窗""通话记录""照片访问""视频访问""访问短信""访问通讯录"等手机权限（点击"总是允许"）。在使用该 App 进行线索提供、指尖举报、号码标注功能时，需先进行身份验证。该 App 由公安部开发和管理，用户可以放心使用，不用担心此 App 泄露个人详细信息。此外，国家反诈中心还提供了官方网站，用户在遭遇电信网络诈骗后可以第一时间报案，公安机关会将涉案信息推送给银行机构，采取紧急止付、紧急挂失等措施，阻止钱款流出。

国家反诈中心 App 的预警功能主要通过以下七个步骤来工作：

（1）用户注册与实名认证。用户首先需要下载并注册国家反诈中心 App，然后进行实名认证，确保用户身份的真实性。

（2）开启预警功能。用户在 App 中需要手动开启诈骗预警功能，这通常涉及授权 App 访问手机的某些权限，如通话记录、短信、通讯录等。

（3）收集信息。App 会收集用户的一些基本信息和通讯信息，以便更准确地进行诈骗预警。

（4）智能识别。当用户收到电话、短信或访问网址时，App 会利用内置的数据库和算法，智能识别这些信息是否与已知的诈骗模式相匹配。

（5）风险评估。如果某个电话、短信或网址被识别为可疑或已知的诈骗行为，App 会进行风险评估，并根据风险等级向用户发出预警。

（6）实时预警。一旦检测到潜在的诈骗风险，App 会立即向用户发送预警通知，告知用户可能面临的诈骗风险，并提供相应的防范建议。

（7）用户反馈。用户收到预警后，可以选择确认是否遭遇诈骗，并可以向 App 反馈信息，帮助系统进一步学习和优化预警算法。

国家反诈中心 App 的安装步骤如下所示。

安装方法一，扫描下方二维码下载安装。

安装方法二，苹果、安卓手机都可以在自带的应用商店里搜索"国家反诈中心"下载安装。

七、安装国家反诈中心 App

下载并安装国家反诈中心 App 后,新用户需要注册账号,步骤如下:

第一步,打开应用,点击"同意"服务协议和隐私政策。

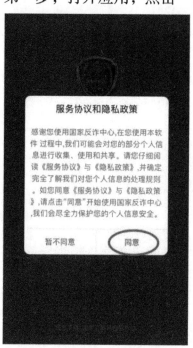

第二步,选择注册地区。选择常驻地区,点击"确定"进入登录页面。

245

第三步，注册账号。点击"快速注册"，输入手机号，获取验证码，点击"下一步"完善账号并保存。

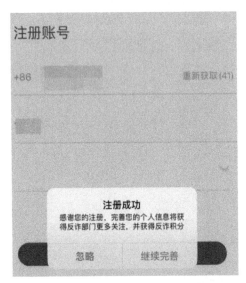

注册（或登录）后，国家反诈中心 App 首页如下图所示：

七、安装国家反诈中心 App

第四步，完善个人信息。在 App 首页界面右下角点击"我的"，再点击"查看个人信息"，进行身份认证（人脸识别）等个人信息完善。

在首面界面右下角点击"我的"进入个人信息页面。

247

老年人网络安全购物指南

在个信息页面"点击查看个人信息"进行后续身份认证。

七、安装国家反诈中心 App

　　如果在完善个人信息时对人脸识别失败，可以通过提交"人工审核"来进行实名认证。当事人拍摄手持身份证正反面的照片，上传照片，点击"提交认证"，联系当地派出所的民警进行人工审核。

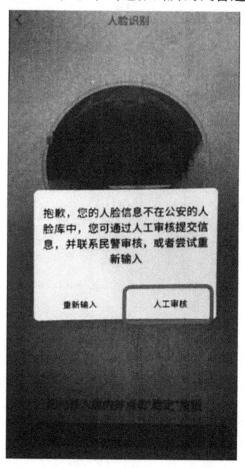

　　每一个开通了"警员端"权限的民警均有审核权限。民警进入 App 警员端，点击"人工审核"，输入提交审核人员的身份证号或手机号，对其进行审核，审核完成该人即完成实名认证。

国家反诈中心 App 的三个最重要的功能的使用步骤如下所示。

（1）来电预警，开启全方位预警保护。当收到涉嫌诈骗的电话、短信、网址或者安装涉嫌诈骗的 App 时，App 可以智能识别骗子身份并及时预警，极大程度降低受骗的可能性。

对于安卓手机，在 App 首页点击"来电预警"，按提示开启"悬浮窗""联系人""通话记录""短信""自启动""耗电保护""应用锁"等权限，点击"总是允许"，开启来电、短信预警功能；再点击"App 自检"，按提示开启 App 预警功能。

七、安装国家反诈中心 App

对于苹果手机，离开国家反诈中心 App 页面，依次点击手机的"设置"、"电话"、"来电阻止与身份识别"、"允许来电阻止"、"编辑"，将"国家反诈中心"移至首位，再打开"国家反诈中心"App，点击"来电预警"，开启来电预警功能。苹果手机目前没有 App 预警功能。

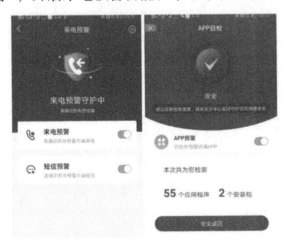

安卓手机来电和App预警功能开启状态

七、安装国家反诈中心 App

（2）"我要举报"，快速举报可疑信息。在使用手机过程中，如果发现可疑的手机号、短信、赌博、钓鱼网站，诈骗 App 等信息，可以进行在线举报，为公安机关提供更多的反诈线索。

在 App 首页点击"我要举报"，在举报页面详细填写举报详情并提交即可。

（3）身份核实，核实对方身份的真实性。在社交软件上交友、转账时，可以验证对方身份的真实性，防止对方冒充身份进行诈骗。

在 App 首页点击"身份核实"，在核实页面输入对方（被核实方）的手机号码（如 13388888888）并点击"发送核实请求"，核实请求将被发至对方，被核实方可以使用被请求的手机号码（如 13388888888）注册、登录国家反诈中心 App 进行人脸识别核实身份，请求人可以在核实记录中查看核实结果。请求的有效时限为 24 小时。